AF282565

Für meinen Mann Berni und
unsere geliebten Töchter, Schwiegerkinder und Enkelkinder

Danksagung

Meiner ganzen Familie, sowie vielen Freunden gilt mein
Dank für Ihre Mithilfe bei den Korrekturarbeiten, für Anregungen
und positive Kritik. Ganz besonders danke ich meinem
Schwiegersohn Peter für seine zauberhaften Zeichnungen
und meiner Lektorin Tabea Weidenhiller für die konstruktive
Zusammenarbeit.

Christiane Sobik

Oma Kühnchens Geschichten

Was Kinder bewegt

Sammelband 1

Impressum

Bibliografische Information der Deutschen Nationalbibliothek:
Die Deutsche Nationalbibliothek verzeichnet diese Publikation in der
Deutschen Nationalbibliografie; detaillierte bibliografische Daten sind
im Internet über http://dnb.dnb.de abrufbar.

Illustration: Peter Schmidt

Verlag: BoD · Books on Demand GmbH, Überseering 33,

22297 Hamburg, bod@bod.de

Druck: Libri Plureos GmbH, Friedensallee 273, 22763 Hamburg

ISBN: 978-3-7693-0781-8

Inhalt

Vorwort

Seit vielen Jahren beschäftige ich mich mit Büchern über den Sinn des Lebens, über Spiritualität im Allgemeinen und im Besonderen. Was ich gelesen und verinnerlicht habe, das habe ich auch ab und zu meinen Enkelkindern erzählt und dabei festgestellt, dass sie diese Geschichten gerne hören und schnell lernen, mit ihnen die kleinen Schwierigkeiten des Alltags besser zu bewältigen. So ist dieses Vorlesebuch entstanden.

Ich bin davon überzeugt, dass spirituelle Gedanken und Einsichten den Kindern das tägliche Miteinander erleichtern können und sogar eine Hilfe sein können. Die Geschichten sind als Gesprächsanregung zwischen den Kindern und den Vorlesenden gedacht. Ich hoffe, sie helfen dabei, größere und kleinere Probleme der Kinder zur Sprache zu bringen und gemeinsam neue Wege zu finden. Vielleicht können sie sogar gezielt für bereits bekannte Probleme als Einstieg in das Thema genutzt werden.

Ich hoffe, dass Oma Kühnchens Geschichten den Kindern, aber auch ihren Eltern und Großeltern gefallen werden.

Christiane Sobik

Edda und Oma Kühnchen

Kennst du eigentlich meine Oma Kühnchen? Nein, natürlich nicht, wie solltest du auch? Sie wohnt in einem großen roten Backsteinhaus mit einem kleinen Garten drumherum. Der Garten ist voller Blumen und in ihm steht eine weiße Pergola mit bunten Gartenstühlen darin. Oma Kühnchen ist nicht besonders groß, eher rundlich und immer gut gelaunt. Für eine Oma ist sie ziemlich cool angezogen; sie trägt meist lange enge Strickröcke oder Kleider mit Hosen darunter. Am kleinen Finger und am Ringfinger stecken teure Goldringe mit weißen und blauen Steinen. Die darf ich auch manchmal aufsetzten, obwohl sie mir noch zu groß sind. Omas dunkelgrauen Haare sind kurz geschnitten und wellen sich ein bisschen. Und stell dir vor: Sie hat außerdem eine rote Strähne im Haar. Sie will nämlich immer ein bisschen auffallen und nicht streng und langweilig aussehen.

Omas Wohnung ist gemütlich. Sie liegt im Erdgeschoss eines großen alten Mietshauses. In der Stube steht ein graublaues Ecksofa mit ganz vielen schönen weichen Kissen und Wolldecken, auf dem wir immer sitzen oder rumlümmeln. Das runde gelbe Plüschkissen mag ich am allerliebsten. Ich nehme es oft in die Arme und drücke es, wenn ich dort sitze und mir Oma Kühnchens Geschichten anhöre. Das macht so ein schön wohliges Gefühl. Ich liebe unsere Kuschelecke – und Oma auch! Wenn wir dort sitzen, kommen immer zwei Gläser Apfelschorle und die große Blechdose, vollgefüllt mit kleingebrochenen Schokoladenstückchen und selbstgebackenen Keksen, auf den Tisch. Manchmal sind auch getrocknete Aprikosen in der Dose, die zum Teil in flüssige Schokolade getaucht wurden. Das knackt beim Draufbeißen immer so schön, wenn die

Schokolade zwischen den Zähnen zerspringt. Und es schmeckt natürlich einfach superlecker. Für unsere Apfelschorle sprudelt Oma das Wasser immer so doll, dass es bei den ersten Schlucken in der Nase kitzelt, wenn wir aus den dicken großen Gläsern trinken. Ich bin meist nachmittags nach der Schule bei ihr, dann haben wir alle Zeit der Welt, um zu reden.

Sicher wollt ihr auch noch wissen, wie ich aussehe. Ich habe lange Haare und trage im Moment eine Zahnspange. Mein Bruder Ole sagt immer, ich wäre die Oma in Miniaturausgabe – da ist durchaus was dran. Wie Ole aussieht und was der so macht, erzähle ich euch ein anderes Mal.

Aber erst einmal zurück zu meiner Oma Kühnchen. Sie hat natürlich auch noch andere Hobbies, außer mit mir Zeit zu verbringen. Wobei, das könnt ihr euch sicher denken, das natürlich ihr liebster Zeitvertreib ist. Aber wenn ich mal nicht da bin, dann liest meine Oma sehr gern. Und am allerliebsten liest sie Bücher über die Seele, den Geist, die Stille, das Universum und all solchen Kram. Mittlerweile hat sie so viele Geschichten gelesen, dass sie immer mal einige davon erzählen muss, damit ihr Kopf wieder leer wird und sie Platz für neue Sachen hat, sagt sie. Ich verstehe das natürlich, denn wenn in Omas Kopf immer so viel reingeht, dann muss ab und an auch mal etwas wieder raus. Ich kann mir ja auch nicht immer alles merken, was mir die Lehrer in der Schule erzählen, da geht oftmals gar nichts mehr in meinen Kopf rein. Dann warte ich einfach ab, ob das irgendwann noch einmal erklärt wird.

Bei Oma ist das anders, sie lässt die Geschichten einfach raus. Nachdem sie mir alles erzählt hat, fühlt sie sich wunderbar und kann sich anschließend wieder etwas Neues ausdenken. Manchmal lässt sie ihre Figuren in ihrem oder meinem Körper wohnen, das ist lustig und macht ganz viel Spaß. Ich kann mir das immer super vorstellen, so ein bisschen, wie in einem Traum.

Edda beobachtet ihre Gedanken

„Jedermanns Gedanken sind frei!", sagt Oma Kühnchen. „Das stimmt ganz bestimmt, und weißt du auch, dass man seine Gedanken beobachten kann? Versuch es einfach mal, es ist ein zauberhaftes Spiel." Wir haben uns gerade darüber unterhalten, was mit meinen Gedanken so los ist. Wie funktionieren sie? Aber ich kann mir so gar nicht vorstellen, wie ich das machen soll – die Gedanken beobachten. Hä?

Oma Kühnchen macht das Gedankenbeobachten andauernd, hat sie mir erzählt. Daher kann sie mir genau erklären, wie das geht: „Du machst dich einfach – in Gedanken – ganz klein und schlüpfst in dich hinein; in deinen Kopf oder deinen Körper. Du bist dann sozusagen doppelt da, einmal dein äußeres Ich und einmal dein inneres Ich. Es muss auch nicht super winzig klein sein. Einfach so klein, dass du das Gefühl hast, dass du in dich hineinpasst." Ich schaue Oma Kühnchen an. Das klingt erst einmal sehr einfach, das kann ich! Mich ganz klein denken und dann in mich hineinkrabbeln.

„Und dann schaust du dir zu, zum Beispiel beim Spielen, oder beim Lernen zu Hause, oder beim Fernsehen. Vielleicht auch in der Schule – da kannst du dich dann beobachten und schauen, ob du dich wirklich konzentrierst –. Einfach überall, wo und wann auch immer du willst. Das kannst du ganz entspannt machen, so wie es dir gefällt. Denn niemandem wird auffallen, dass du mit deinen Gedanken beschäftigt bist. Aber du erkennst, welche Gedanken du hast. Und nur so hast du die Chance, sie zu ändern." Das gefällt mir! Ich finde es total spannend, etwas machen zu können, was niemand bemerken wird. Und wann immer ich möchte, ohne vorher um Erlaubnis fragen zu müssen. Wow!

Meine Oma Kühnchen hat aber noch mehr zu berichten. "Das Allerbeste ist, dass sowieso niemand außer dir mitbekommt, was du da tust. Und du wirst dich wundern, wie interessant das ist: Eine solche Reise zu sich selbst ist ganz anders als einfach nur zu denken wie immer, zu sehen und zu sprechen, wie man es sonst auch macht. Du fühlst dich entspannt dabei, ganz ruhig und gelassen. Du beobachtest dich selbst und kannst dir überlegen: ,Warum mache ich das eigentlich gerade? Weshalb bin ich so aufgeregt oder verärgert?' Du kannst dich richtig über die schönen Gedanken freuen und über die doofen Gedanken wundern. Du kannst aber auch einfach nur so zum Spaß zuschauen und dich beobachten. Vielleicht siehst du dann einiges mit anderen Augen", erklärt Oma weiter und lächelt mich an.

Weil Omas Erzählung über diese Reise in mich selbst und zu meinen Gedanken so interessant klang und ich unbedingt wissen wollte, wie das so ist, habe ich es natürlich direkt ausprobiert. Aber wie sollte ich nur in meinen Kopf hinein? Das war tatsächlich gar nicht so einfach, wie ich es mir vorgestellt hatte. Erst wollte ich in Gedanken über meine Stirn in den Kopf, aber das ging irgendwie nicht, ich kam nicht hindurch. Dann habe ich mir vorgestellt, wie ich durch das linke Ohr rein krabbele, aber ich wollte nicht durch den langen Tunnel vom Gehörgang – das stellte ich mir irgendwie zu eng und auch ein bisschen eklig vor. Also bin ich in meinen Gedanken einfach mit den Füßen zuerst durch die Mitte vom Kopf durchgerutscht, genau da, wo hinten am Nacken der Kopf auf den Schultern sitzt. Das ging prima. Allerdings schaute ich jetzt erstmal mit den Augen Richtung Hinterkopf, was noch etwas unpraktisch war. Zum Glück konnte ich mich ganz einfach umdrehen. Und jetzt fand ich es nur noch wunderbar! Es ist toll und lustig, sich selbst zu beobachten. Wie ein Zuschauer bei einem Kino- oder Fernsehfilm. Ich jedenfalls habe mich danach klasse gefühlt und mache so einen Ausflug immer mal wieder. Und tatsächlich entdecke ich immer wieder etwas Neues an mir, das mir vorher noch nie aufgefallen war. Zum Beispiel habe ich bei einem solchen Ausflug gemerkt, dass ich manchmal meiner Freundin nicht richtig zuhöre. Oder ich merke, dass ich schnell böse werde, ohne genau zu wissen, warum eigentlich. Darum versuche ich jetzt immer, aufmerksamer und freundlicher zu sein, denn das kommt gut an bei meinen Freunden.

Versuch's doch auch mal.

Hinweis für die Vorleser*innen: Um sich seiner selbst einigermaßen bewusst zu werden und zu erkennen, warum man bestimmte Dinge denkt, ist es von großer Wichtigkeit, seinen eigenen Zwiegesprächen, die bei uns allen automatisch im Geist ablaufen, zu lauschen. Unsere innere Stimme redet fast ununterbrochen in unserem Kopf, bzw. in unserem Geist. Sie erzählt Gespräche, Erlebnisse, Ärgernisse und Streitereien ohne unser Zutun immer weiter. Sie lässt uns nicht zur Ruhe kommen, wiegelt uns oft auf und verdreht so manches. Sie spricht über Vermutungen und Dinge, die noch nicht passiert sind. Wir tun gut daran, sie möglichst oft zum Schweigen zu bringen, um die Dinge klarer und emotionsloser zu sehen und professioneller lösen zu können.

Edda hat manchmal Angst

Kennst du eigentlich den Herrn Angstmacher? Oma Kühnchen hat mir von ihm erzählt. Er sieht aus wie ein verschlagener hinterlistiger Gauner. An seinen Händen hat er lange dünne Finger mit dreckigen Fingernägeln und seine Füße sind breit wie Plattschaufeln. Er trägt eine dicke dunkle Brille und hat ein fieses Lachen – Ich finde ihn deshalb ganz schön gruselig und du sicher auch. Tatsächlich hat Herr Angstmacher auch nichts Gutes im Sinn. Denn das alte Klappergerippe lässt sich immer alles Mögliche einfallen, um uns in Angst und Schrecken zu versetzen. Zum Beispiel erzählt er dir Geschichten über gemeine und ungerechte Lehrer oder über Wecker, die morgens einfach nicht klingeln, sodass du den Schulbus verpasst. Oder über Hunde, die dich einfach in die Wade beißen. Der Herr Angstmacher weiß dabei immer genau, womit er uns gruseln kann, denn er wohnt in den Köpfen der großen und auch kleinen Leute. Also auch in deinem Kopf, genauso wie in meinem.

Oma sagt, die fiese Klapperbacke kriegt es immer irgendwie hin, dass wir uns vor Dingen fürchten, die noch gar nicht passiert sind. Und darüber freut er sich dann diebisch. Denn der Angstmacher will, dass wir richtig Angst vor dem bekommen, was erst noch passieren könnte – Ich finde das ganz schön fies. Erst wenn wir so richtig zittern, fühlt sich Herr Angstmacher gut und hat seinen Spaß.

„Dieser Herr Angstmacher macht in deinem Kopf, was ihm gefällt", fasst Oma Kühnchen zusammen. „Und viele Kinder wissen und merken gar nicht, dass er sich das alles wirklich nur ausgedacht hat. Er hat mit ihnen ein leichtes Spiel, wenn sie ihn nicht bei seinem gemeinen Tun stören. Aber es gibt einen Trick, den Angstmacher zu besiegen, Edda." Jetzt bin ich neugierig. Ich kenne das Gefühl, mir schlimme Dinge auszumalen nur zu gut und jetzt, da ich weiß, dass der Herr Angstmacher dahinter steckt, möchte ich natürlich auch unbedingt wissen, wie ich ihn überlisten kann. Oma will es mir verraten, also höre ich gut zu. „Würden die Kinder merken, dass die blöde Angstmacherei eigentlich gar keinen Sinn macht, dann wäre die ganze ‚Arbeit' von Herrn Angstmacher völlig umsonst", sagt sie. Aber das verstehe ich jetzt leider noch nicht und sehe Oma fragend an. Ob sie das noch ein bisschen genauer erklären kann?

„Überleg doch mal, Edda: Sich schon vorher Sorgen darüber zu machen, ob die Klassenarbeit zu schwer sein wird, ist doch eigentlich unnötig. Vor allem, weil du ja fleißig bist und immer viel für eine Arbeit lernst. Deshalb brauchst du Herrn Angstmacher nicht zu glauben, wenn er dir sagt, dass die Arbeit schwer wird. Oder wenn du dich sorgst, ob dich auf dem Schulhof jemand ärgern wird oder dass andere unangenehme Dinge passieren… das ist doch unnötig. Das kann und sollte man sich im Vorhinein gar nicht ausdenken, denn dann wirst du nur aufgeregt und unsicher. Und wahrscheinlich wird ohnehin alles gut werden und das, was sich der Angstmacher für dich ausgedacht hat, passiert meistens gar nicht."

Dank Omas Erklärung habe ich jetzt verstanden, was sie meint. Und wahrscheinlich hat meine Oma Kühnchen damit auch Recht. Denn wenn ich so nachdenke, habe ich mir in der Vergangenheit meist ganz umsonst Sorgen gemacht. Ich hatte zum Beispiel große Angst, dass meine beste Freundin mich nach einem Streit nicht auf ihre Geburtstagsparty einladen würde. Aber das war natürlich quatsch, sie hat mich eingeladen. Schließlich ist sie meine beste Freundin und es wurde alles wieder gut. Oma hätte gesagt, dass das wieder mal der Herr Angstmacher war, der hier seine Arbeit getan hat.

„Ich glaube, der Angstmacher ist einfach ziemlich gemein und es ist nunmal sein Job, dich zu verunsichern. Und du machst dir Sorgen und hast Bauchweh und vielleicht sogar schlaflose Nächte – allerdings völlig umsonst", betont Oma Kühnchen. Sie sagt, ich solle den Angstmacher demnächst einfach aus meinem Kopf verbannen. „Man sollte lieber abwarten, was kommt und nicht vorher schon zappeln. Das schont die Kräfte."

Und genau das mache ich ab jetzt. Du möchtest wissen, wie ich den Angstmacher wegeschickt bekomme? Das geht zum Glück ganz einfach. Ich beobachte ihn ganz genau und gründlich, sobald er sich blicken lässt und mit seiner Arbeit beginnt. Und das mag er ganz und gar nicht! Er weiß, dass man ihn durchschauen kann, wenn du ihn genau beobachtet. Und er weiß auch, dass man seine erfundenen Geschichten erkennt und sich davon nicht mehr verängstigen lässt. Dann fühlt er sich ertappt und verschwindet lieber ganz schnell aus jedermanns Kopf. Und auch aus deinem! Denn du kannst das auch. Versuch es einfach demnächst einmal, wenn Herr Angstmacher wieder auftaucht.

Und tatsächlich kann ich seitdem wieder beruhigt einschlafen und grüble nicht so lange darüber, was alles passieren könnte. Wenn wirklich einmal irgendetwas Schlimmes passieren sollte, kümmere ich mich erst darum, wenn es so weit ist. Und dann hat die Angst auch einen Sinn. Nämlich, mich zu warnen. Aber meistens passiert gar nichts und das ist das Schöne.

Hinweise für die Vorleser*innen: Bei Ängsten muss man sich immer wieder klar machen, dass sich auch diese nur im Geist abspielen. Der Geist wiegelt uns nur auf. Meist mit einer Vorstellung, die noch gar nicht eingetreten ist und eventuell niemals eintreten wird. Die Angst ist aber eigentlich ein Instrument, das uns wachsam machen soll. Wenn etwas passiert ist, vor dem wir uns in Acht nehmen sollten ist sie in diesem Moment hilfreich, denn sie erhöht die Aufmerksamkeit.

Edda mag nicht angegriffen werden

Kennst du das, wenn jemand dich so richtig gemein anmeckert oder ausschimpft? Wenn sie oder er die ganze Zeit das Gegenteil von dem sagt, was du gerade gesagt hast, oder immer alles besser weiß? Ich hasse das und werde dann auch fuchsteufelswild.

Und genau so jemand ist Elvira aus meiner Klasse: Sie ärgert mich, wann immer sie kann oder schreit mich an. Und natürlich fühle ich mich dann ganz schrecklich und klein. Meistens schreie ich einfach zurück und halte ihre Hände fest, damit sie endlich damit aufhört, mich zu piesacken. Aber das bringt alles nichts. Manchmal wird es dann sogar nur noch schlimmer und sie streckt mir sogar noch die Zunge raus. Elvira macht mich mit ihrem Gezanke total fertig und scheint auch noch Spaß daran zu haben.

Neulich habe ich mit Oma Kühnchen darüber gesprochen, dass Elvira immer so gemein zu mir ist. Oma war gerade in der Küche und hat eine Tafel Schokolade im Kochtopf aufgelöst. Ich durfte die getrockneten Aprikosen mit einer Ecke in die Schokolade halten und dann abtropfen lassen. Und wie immer habe ich gleich die eine oder andere Aprikose genascht und Oma hat so getan, als ob sie es nicht gesehen hätte.

Dann haben wir uns zusammen aufs Sofa gekuschelt und ich habe von Elvira erzählt. Und dabei habe ich mich richtig in Rage geredet und auch wieder richtig schlimm aufgeregt. Meine Oma hat mir gut zugehört und sie ist ein bisschen traurig geworden, weil es in der Schule jemanden gibt, der mich nicht mag. Als Erstes hat Oma mir ins Ohr geflüstert, ich sei die Beste, egal, was Elvira sagt. Danach hat sie mir dann noch einen Trick verraten, wie ich in Zukunft reagieren soll, wenn Elvira mich wieder ärgert. Den Trick hatte Oma in einem ihrer tollen Bücher gelesen. Ich habe ihn sogar schon ausprobiert: er funktioniert! Ist das nicht super? Jetzt fühle ich mich wieder richtig gut.

Ich verrate ihn dir, vielleicht kannst du ihn auch mal brauchen.

Oma sagt, dass du dich überhaupt nicht auf die Beschimpfungen und das ganze Gezanke einlassen darfst. Stattdessen bist du ganz gelassen und wartest einfach ab. Das klingt jetzt erstmal ganz einfach – und glaube mir; das ist es auch. Ich lasse Elvira jetzt immer meckern und toben, so viel sie will. Und während Elvira schimpft und schreit, sage ich mir leise in meinem Kopf: „Elvira, du kannst machen, was du willst. Du kannst schreien, so viel du willst und böse gucken, solange du willst. Das stört mich nicht, ich bin gelassen, wie eine Schnecke." Wahrscheinlich wunderst du dich jetzt, warum du ausgerechnet gelassen wie eine Schnecke sein sollst – das verrate ich dir auch gleich. Auf jeden Fall hat es gewirkt, Omas Buch hatte Recht. Denn Elvira hat schon bald aufgehört, zu meckern. Sie hat sich gewundert, was los ist und war ganz verwirrt. Das konnte ich an ihrem Gesicht sehen. Mir dagegen ging es immer besser und sie hat dann einfach ganz damit aufgehört, mich zu ärgern. Denn als ich nicht mehr auf ihr Gezanke reagiert habe, hat es ihr keinen Spaß mehr gemacht.

In dem Buch von Oma wird das mit der Schnecke übrigens so erklärt: Derjenige, der dir etwas Böses will und dich ärgert, glitscht einfach an dir ab. Weil du nicht reagierst, bist du für ihn wie die Schnecke, die man nicht fassen kann, weil sie einem aus den

Händen gleitet. Elvira, oder wer auch immer dich piesackt, will, dass du dich ärgerst, oder sogar Angst vor ihr hast. Aber wenn du ganz ruhig bleibst und dich anders verhältst, als sie erwartet, ist sie völlig verwirrt und weiß nicht weiter. Daher gibt sie ihren Angriff einfach auf und lässt dich in Ruhe. Ich habe diesen Trick auch einer anderen Freundin verraten und nun muss Elvira sich immer mehr anstrengen, um jemanden zu finden, den sie ärgern kann.

Mich lässt sie jedenfalls seitdem in Ruhe und ich bin happy.

Hinweise für die Vorleser*innen: Täter und Täterinnen brauchen für ihre Tat immer ein Opfer, sonst kann keine Tat begangen werden. Wenn aber das potentielle Opfer diese Opferrolle nicht annimmt, gehen die Angriffe der Täter ins Leere. Die Tat wird unsinnig, sie funktioniert nicht mehr. Das Spiel der Täter ist somit vorbei. Die vermeintlichen Opfer müssen dafür die Beleidigungen und Angriffe nur wortlos an sich abprallen lassen oder diese sogar lächelnd ignorieren.

Edda kann sich nicht konzentrieren

Heute ist Oma Kühnchen bei uns zu Hause. Wir haben zusammen gespielt und gelacht und viel Spaß gehabt. Jetzt hat sie mich ins Bett gebracht. Beziehungsweise ist sie mit in mein Zimmer gekommen, damit wir noch ein bisschen weiterreden können. Denn ich bin schon ganz schön groß und mache fast alles allein und muss deshalb eigentlich auch nicht mehr ins Bett gebracht werden. Aber wenn Oma abends mit in mein Zimmer kommt, erzählt sie mir vor dem Einschlafen immer Geschichten. So wie sie es auch auf dem Sofa bei ihr zu Hause macht – und ich liebe die abendlichen Erzählstunden ganz genauso. Also wickle ich mich in meine Bettdecke ein und packe mir zwei Kissen hinter den Rücken, damit es gemütlich ist. Oma erlaubt mir außerdem, alle ihre Ringe aufzusetzen, die sie an ihren Händen trägt. Mit den Ringen fühle ich mich wie eine Prinzessin und wir vereinbaren, dass Oma sie erst zurückbekommt, wenn wir noch eine Weile miteinander gequatscht haben.

Leider schreibe ich morgen eine schwierige Mathearbeit und das liegt mir gerade schwer im Magen. Ich habe mit Mama viel geübt und auch versucht, die Aufgaben alleine zu lösen. Aber Mathe ist nicht gerade mein Lieblingsfach und ich habe immer ein bisschen Schiss, dass ich die Arbeit nicht zu Ende schaffe kann, weil ich mich nicht so gut konzentrieren kann. Meine Gedanken hauen zwischendurch einfach ab! Sie laufen davon zu dem Pony, das ich manchmal reite, zu meiner Freundin Hanna und wer weiß, wohin sonst noch. Und wenn sie erst mal weggelaufen sind, dann kann ich sie nur schwer wieder einfangen. Sie spielen einfach ganz von allein verrückt und machen, was sie wollen. Und ich merke meist gar nicht, dass ich träume, weil ich ja hellwach dabei bin. Aber plötzlich ist die Zeit abgelaufen und ich sitze noch immer vor einer halbfertigen Mathearbeit und habe es wieder nicht geschafft, alles auszurechnen. Das ist natürlich doof, aber ich weiß wirklich nicht, wie ich das ändern kann.

Aber Oma ist schlau. Sie hat von Mama von der Rechenarbeit erfahren und mir bestimmt deshalb diese Geschichte erzählt:

„Sag mal Edda, kennst du eigentlich die kleine Ruth von nebenan, die sich nicht so gut konzentrieren kann und deshalb immer Angst vor den Rechenarbeiten hat?", fragt sie mich und ich nicke. Ruth, die kenne ich. Und anscheinend ist sie genauso unkonzentriert in Mathe, wie ich.

„Also" beginnt meine Oma, „Ruth hat da einen ganz tollen Trick, den sie immer anwendet: Am Abend vor einer Klassenarbeit, wenn sie gemütlich in ihrem Bett liegt, denkt sie ganz fest an ihr Klassenzimmer. Sie stellt sich ganz genau vor, wie es dort aussieht und wie sie am nächsten Tag auf ihrem Stuhl sitzt. Sie sieht alles in ihren Gedanken ganz bildlich vor sich. Die großen Fenster, den Schreibtisch von ihrer Lehrerin Frau Meyer, auf dem die Klassenarbeiten liegen. Und die vielen schönen Bilder an der Wand, die alle Kinder gemalt haben. Natürlich sieht sie sich auch selbst, wie sie an ihrem Platz neben ihrer Freundin sitzt. Kannst du es dir vorstellen, Edda, wie Ruth sich in ihre Klasse denkt?" Ich nicke. Das kann ich mir gut vorstellen. „Wie geht es weiter, Oma?", will ich wissen. Oma lässt sich natürlich nicht lang bitten und erzählt mir weiter von Ruth und dem Gedanken-Ausflug in ihre Klasse. „In ihren Gedanken sieht Ruth, wie Frau Meyer morgen die Rechenarbeit austeilt und sie guckt auf das Aufgabenblatt. Was denkst du, Edda, was sie da sieht?" Ich überlege. „Die ganzen schweren Aufgaben?", vermute ich. Aber meine Oma schüttelt den Kopf. „Nein, überhaupt nicht. Ruth schaut auf ihr Blatt und ist ganz erfreut. ‚Ach‘, freut sie sich, das ist ja gar nicht so viel, wie ich dachte, und sieht auch gar nicht so schwer aus!‘". Ich bin ganz gespannt, wie die Geschichte von Ruth weitergeht und Oma fährt auch schon fort: „Dann sieht sich Ruth in ihren Gedanken – dieselben Gedanken, mit denen sie sonst immer im Unterricht träumt – die Klassenarbeit schreiben. Langsam und ruhig, fast freudig und mit einem kleinen Lächeln schreibt sie das auf, was gefragt wird. Schon jetzt im Bett merkt Ruth, wie großartig sich das anfühlt. Sie spürt, dass sie das alles rechnen kann und einfach nur konzentriert aufschreiben muss. Und dabei fällt ihr auf, dass ihr das Rechnen sogar Spaß macht. So viel Spaß, dass ihre Gedanken gar nicht mehr versuchen, abzuhauen. Sie wollen mit ihr zusammen alles fertig machen und konzentrieren sich auf das Aufgabenblatt. Als Frau Meyer sagt, dass alle Kinder jetzt abgeben müssen, ist Ruth mit Ihrer Arbeit fertig und richtig glücklich… in ihren Gedanken." Ich schaue Oma skeptisch an. Dass eine Mathearbeit auch noch Spaß machen soll, kann ich nicht so ganz glauben. Aber meine Oma Kühnchen nickt eifrig. „Doch, doch", versichert sie mir.

„Und jetzt kommt das Beste: Wenn Ruth am nächsten Morgen in die Schule geht, läuft tatsächlich alles immer so ab, wie sie es sich am Abend zuvor noch im Bett ausgemalt hat."

„Oma, probieren wir das jetzt auch mal zusammen aus?" frage ich begeistert. „Na, Edda, dann erzähl doch mal, wie sieht denn dein Klassenzimmer so aus?", will sie wissen und lächelt mich an.

Hinweise für die Vorleser*innen: Unser Unterbewusstsein erschafft heute, morgen oder in der Zukunft das, was unsere Gedanken sich ausmalen. Unsere Visionen werden zu Taten, Gelegenheiten und Umständen, sobald wir dem Unterbewusstsein bewusst oder unbewusst vormachen, dass alles bereits so ist, wie wir es haben möchten. Das funktioniert am besten, wenn wir uns in Gedanken, im Traum, oder in der Meditation vorstellen, wir wären bereits in der gewünschten Situation. Zusätzlich sollte dazu unsere Energie möglichst hoch schwingen. Dies erreichen wir über Gefühle von Liebe und Dankbarkeit.

Edda und das Gedankenkarussell

Gestern Nachmittag waren wir bei Oma Kühnchen im Garten. Weil das Wetter so schön war, haben wir draußen in der Pergola gesessen. Die Sonne schien warm, die Vögel haben gezwitschert und Oma war allerbester Laune. Wahrscheinlich, weil sie sich ihre rote Haarsträhne hatte nachfärben lassen und dazu noch einen schönen neuen Rock anhatte. Meine Laune war nicht so besonders gut; ich hatte richtiges Magengrummeln und fühlte mich einfach nur blöd.

„Was ist denn los mit dir, du kleiner Trauerkloß?", hat sie mich gefragt. „Ach Omi, ich habe in letzter Zeit oft so blöde Gedanken. Schon morgens früh vor der Schule geht es los! Dann denke ich, der Tag wird heute bestimmt wieder richtig öde, doof, voller schlechter Laune und furchtbar anstrengend. Und meist kommt es dann auch so, wie mein Kopf sich das ausgemalt hat. Das ist zum verrückt werden. Ich werde diese blöden Gedanken den ganzen Tag einfach nicht los, was soll ich da bloß gegen tun?" Zum Glück kannte Oma Kühnchen das Problem mit dem Gedankenkarussell im Kopf. Dass man seine Gedanken einfach immer weiterdenkt und denkt und denkt, so als würde man in einer Endlosschleife hängen. „Das Schöne ist", meint Omi, „dass es eine ganze Menge Möglichkeiten gibt, unerwünschte und nervende Gedanken einfach platt zu machen. Es ist total wichtig, sich dafür viele schöne Gedanken auszumalen – gerne auch immer wieder dieselben. Denn deine Gedanken sind eine Grundlage für das, was du später mal erleben wirst, sie bereiten deine Erlebnisse sozusagen vor. Nur, wenn du fröhliche Gedanken hast, kannst du auch fröhlich leben. Und nur dann, wenn du liebevolle Gedanken hast, kannst du auch liebevoll sein. Und das heißt im Gegenzug auch: wer negative Gedanken hat, hat schlechte Laune. Und diese negativen Gedanken sind es ja, die du gern wegschicken willst. Nicht wahr, Edda-Maus?"

Wie immer hat Oma das genau richtig erkannt. Denn auf die dummen Gedanken habe ich genauso wenig Lust wie auf die schlechte Laune, die sie mir machen. Also möchte ich jetzt wissen, wie ich diese unerwünschten Gedanken loswerden kann.

Oma erzählt auch schon weiter, wobei ihre frisch gefärbte rote Haarsträhne lustig im Wind weht: „Du kennst ja schon die Geschichte von Ruth, die sich alles im Geist so wunderschön vorstellen kann, um es dann genau so zu erleben. So etwas ähnliches können wir auch mit den Gedanken machen. Dazu kannst du dir jetzt im Kopf, also mit deinem Verstand und deiner Vorstellungskraft zum Beispiel vorstellen, wie du unschöne Gedanken ganz dick durchstreichst. Du kannst sie auch auf eine Wolke legen und wegfliegen lassen, oder du stellst dir vor, wie du die Gedanken im Wasser untertauchst. Vielleicht hast du die Fantasie, sie einfach mit einer großen Schere in kleine Stücke zerschneiden, oder willst sie mit deinen Fingern vor deinem geistigen Auge zu Staub zerreiben.

Am besten geht so ein ‚Gedankenputz' aber, wenn du sie genauso beobachtest, wie du schon Herrn Angstmacher beobachtet hast. Denn wenn du deine – vielleicht unsinnigen und negativen – Gedanken beobachtest, lernst du sie genauer kennen und das mögen sie gar nicht, da fühlen sie sich ertappt. Stattdessen wollen sie einfach ungestört ihr Thema weiterdenken und weiterflüstern, das macht ihnen am meisten Spaß."

Oma tippt mir sanft mit dem Zeigefinger an die Stirn, dorthin, wo die doofen Gedanken wahrscheinlich ihr Unwesen treiben. Weil sie dabei so ernst guckt, muss ich ein bisschen kichern. Oma kichert auch und lacht mich an. Ihre Geschichte ist natürlich noch nicht fertig, deshalb erklärt sie weiter: „Wenn du es aber geschafft hast, diese Gedanken durch das Beobachten zu vertreiben, kannst du dir neue, positive Sachen überlegen. Dafür denkst du an etwas, das dir gut gefällt und das du sehr gern magst und liebst oder toll findest. Dann lässt du einfach einen völlig neuen Film vor deinen Augen entstehen, wie du das aus einem Traum kennst. Sinnvolle und schöne Gedanken kannst du auch ruhig beobachten, das stört sie nicht! Sie sind ja gewünscht und gewollt. Vielleicht beginnst du erst mal damit, an ein leckeres Eis zu denken oder an eine lustige Geschichte, oder an einen Menschen, den du sehr magst. Du wirst feststellen, dass deine Gedanken dir folgen werden und deine Laune immer besser wird."

Na gut, das will ich wohl so machen. Zusätzlich habe ich mir noch ein kleines Spiel ausgedacht. Denn das Gedankenbeobachten ist ja erst einmal nicht so spannend, finde ich. Dazu stelle ich mir zwei kleine Dachluken oben in meinem Kopf vor. Die rechte in Blau, die linke in Rot. Die blaue Luke mache ich immer auf, wenn schlimme Gedanken wegfliegen sollen. Wenn sie alle weggeflogen sind, öffne ich die rote Dachluke und lasse lauter schöne neue Gedanken reinfliegen. Das ist lustig und geht viel schneller als Omas Methode. Ich mache es jetzt immer gleich morgens vor der Schule und beginne meinen Tag dann mit lauter schönen Gedanken.

Hinweise für die Vorleser*innen: Unsere Gedanken und Emotionen können wir ändern. Wenn sie uns nicht gefallen, können wir uns auf neue Gedanken konzentrieren und die dazugehörigen Emotionen erfühlen. Unser Geist macht diesen Wechsel mit und folgt den Änderungen. So können wir unsere Energie und unsere Stimmung anheben.

Eddas Unterbewusstsein

Ich muss doch sagen, meine Oma Kühnchen erzählt ab und an schon komische Geschichten. Wie ich dir ja schon verraten habe, hat Sie Ihr Wissen meist aus allen möglichen spirituellen Büchern. Mit deren Hilfe denkt sie sich ihre lustigen Geschichten aus. Gestern hat sie mir von Frau Kontrolletti und Herrn Unterbewusst erzählt, als wir wieder gemütlich auf ihrem Ecksofa saßen und Apfelschorle geschlürft haben.

Damit ich ihre Geschichte über Frau Kontrolletti und ihren Mann Herrn Unterbewusstsein auch verstehe, hat Oma mir vorweg folgendes erklärt:

Alle Erfahrungen, also das, was wir so erleben, werden in uns Menschen gespeichert. Dazu kommen auch alle unsere Gedanken und Erlebnisse, die auch gespeichert werden. Denn alles, was wir fühlen, denken, erleben, verpufft nicht einfach irgendwo, sondern bleibt in uns drin. Der Speicherort dafür heißt Bewusstsein. Diese Erfahrungen, Gedanken und Erlebnisse landen alle aufgeschrieben auf Notizzetteln auf dem Arbeitsplatz von Frau Kontrolletti. Frau Kontrolletti sitzt an einem großen Schreibtisch in einem quietschenden Drehstuhl in unserem Kopf und geht dort ihrer wichtigen Aufgabe nach. Denn wie ihr Name es schon verrät, prüft sie alles ganz genau. Dann entscheidet sie bei jedem Notizzettel, den sie geprüft hat, was damit passieren soll: behalten oder vergessen? Ist das wichtig oder unwichtig? Richtig oder falsch? Für alle diese Kategorien hat sie einen entsprechenden Stempel, den sie den Gedanken, Erfahrungen und Erlebnissen aufdrückt. Dabei guckt sie durch ihre riesige dicke Brille und rauft sich andauernd ihre dünnen blonden Haare – schließlich ist das ein verantwortungsvoller und nicht immer einfacher Job, den sie da hat. Frau Kontrolletti ist groß und schlank, dabei ein bisschen blass, weil sie so viel arbeitet.

Die meisten Zettel, die auf ihrem Schreibtisch landen, schickt sie weiter an ihren Mann, den Herrn Unterbewusst. Er ist eher das Gegenteil von ihr. Dick und rund, entspannt und er hat immer ein breites Grinsen im Gesicht. Herr Unterbewusst herrscht über ein riesiges Lager mit Aktenschränken und Computern, in denen er alles ablegt, was er von seiner Frau bekommt. So kann er die Zettel, bzw. das, was darauf steht, bei Bedarf wiederfinden. Weil seine Frau schon alles geprüft hat, macht er sich nicht die Mühe, nochmal draufzuschauen, ob ein Gedanke z.B. überhaupt richtig ist – das wäre ja doppelt gemoppelt - meint er wohl. Aber er legt es auf jeden Fall alles gewissenhaft ab und holt es auch wieder raus, wenn er meint, dass es gebraucht wird.

Nachdem Oma mit ihrer Erklärung zu den Beiden fertig war, war ich ziemlich beeindruckt. Da ist einiges los, in meinem Kopf! Ich musste mir die beiden vorstellen, wie sie da nebeneinandersitzen, jeder in seine Arbeit vertieft und die Zettel prüfen und verstauen. Das klingt auf jeden Fall nach einem interessanten und auch wichtigen Job. Aber das war ja noch gar nicht die ganze Geschichte. „Jetzt kommt das Spannende", erklärt mir Oma: „wenn eine Situation, Erfahrung oder ein Gedanke bei ihm landet, der schon einmal da war, schickt Herr Unterbewusst zum Vergleich die dazu passenden alten, bereits abgelegten Notizzettel aus seinem Lager hoch in deinen Kopf. Zum Beispiel wurdest du als Kind vielleicht mal von einem kleinen Dackel angeknurrt, oder dieser Dackel hat dir anders Angst gemacht. Dann passiert jetzt Folgendes: Immer, wenn heute ein Dackel in deine Nähe kommt, schickt Herr Unterbewusst dir eine Nachricht in deine Gedanken: Vorsicht, ein Dackel! Die knurren und schnappen, bitte nicht streicheln! Dadurch fühlst du dich jetzt unwohl, wenn du einem Dackel begegnest, obwohl die doch meist lieb sind und eigentlich nicht knurren oder schnappen."

Oma Kühnchen meint deshalb, man soll lieber nicht alles glauben, was einem die Gedanken so erzählen. Denn Herr Unterbewusst könnte seine Finger im Spiel haben, indem er alte Erinnerungen wieder herauskramt. Viele von ihnen sind nicht wahr, weil er sie ja nicht geprüft hat, oder vielleicht inzwischen nicht mehr aktuell. Und es wäre doch schade, nie wieder einen Dackel streicheln zu können.

Hinweise für die Vorleser*innen: Unser Unterbewusstsein hat viele große und kleine Aufgaben und leistet Wunderbares, wenn es z.B. automatische Abläufe im Körper steuert. Es übernimmt aber auch so manches ungeprüft und gibt es so an uns zurück. Deshalb ist es gut, das, was man zu wissen glaubt, noch mal genau zu betrachten.

Edda hat schlechte Laune

„Gute Nacht, mein Schatz und lass dich morgen wieder von der Gute-Laune-Frau wecken", hat Oma Kühnchen gestern Abend zu mir gesagt.

„Wieso denn das?", habe ich sie gefragt, als sie mir einen Gute-Nacht-Kuss gab und mich gefragt, ob Oma meine schlechte Laune heute wohl bemerkt hat. Ich war nämlich tatsächlich nicht besonders gut drauf. Aber was die Gute-Laune-Frau damit zu tun haben könnte, wundert mich nun doch. Oma zwinkerte mir zu und schien genau zu wissen, wie man die schlechte Laune vertreibt. „Ich verrate dir, wie ich das mache. Ich habe mit der guten Frau nämlich schon eine Menge Erfahrungen", erklärte Oma. „Morgens, wenn ich die Augen aufschlage, weiß ich schon, dass es ein wunderschöner Tag werden wird. Nämlich deshalb, weil ich jeden Morgen mit der Gute-Laune-Frau spreche. Ich sage ihr direkt nach dem Aufwachen: ‚Danke, danke, danke, dass du wieder einen wundervollen Tag für mich parat hast. Danke, danke, danke, dass du immer bei mir sein wirst und mich überall hinbegleitest. ' Dann stelle ich mir vor, wie mich ihre großen, rot bemalten Lippen freundlich angrinsen und ich kann ihre weißen Zähne sehen, die wie Perlen in ihrem Mund aufgereiht sind. Ihre grünen Augen funkeln abenteuerlustig und meistens zwinkert sie mir zu." Ich habe sofort verstanden, dass die Gute-Laune-Frau dafür sorgt, dass Oma immer so gut drauf ist und plane nun, morgens nach dem Aufwachen auch mit ihr zu sprechen. Gleich morgen früh werde ich mich bei ihr dafür bedanken, dass sie da ist und einen schönen Tag für mich bereithält.

Und dass es funktionieren wird, daran glaube ich fest. Oma ist jedenfalls komplett von den Fähigkeiten der Gute-Laune-Frau überzeugt. „Alles ist schöner, wenn sie dabei ist, denn dann habe ich immerzu gute Laune", erklärte sie mir. „Ich kann den ganzen Tag lächeln, wenn ich morgens mit ihr gesprochen habe und mein Herz hüpft sogar ein wenig. Und wenn ich durch die Straßen laufe, erwidern viele – sogar sehr viele Leute – mein Lächeln, so dass meine Laune immer noch besser wird. Bei manchen Leuten habe ich sogar das Gefühl, dass sie sich richtig freuen, wenn ich sie anlächle. Und wenn sie so freundlich reagieren, macht mich das immer sehr glücklich."

Das kann ich gut nachvollziehen. Wenn ich mich mit meinen Freundinnen treffe und eine von ihnen besonders gute Laune hat, dann lasse ich mich davon auch anstecken. Meine Laune wird dann auch viel besser. Oma Kühnchen hat gelacht und heftig genickt. „Ja, siehst du: das ist wie ein gegenseitiges Hochschaukeln. Meine gute Laune schaukelt auch die Laune der anderen Leute hoch und deren gute Laune dann wieder meine eigene gute Laune. So geht es immer hin und her zwischen den anderen Leuten und mir. Alles fühlt sich sonnig und leicht an, alles sieht schöner aus. Ich finde, gute Laune ist einfach klasse und sie kostet nichts, nur lächeln und ein wenig Dankbarkeit."

Ja, so ist meine Oma – gut drauf ist sie wirklich immer und das gefällt mir.

Hinweise für die Vorleser*innen: Anders als in der Physik ist es im geistigen/spirituellen Bereich so, dass Gleiches auch Gleiches anzieht. Das Gute zieht also das Gute an. Je höher die eigene Schwingung ist, desto besser funktioniert diese Anziehung. Auch hier kann man über Liebe und Dankbarkeit seine Anziehungskraft erhöhen, um die Dinge oder Empfindungen in sein Leben zu ziehen, die man sich wünscht.

Edda und der Sabbelmann

Kennst du eigentlich Herrn Sabbelmann? Oma hat mir Folgendes von ihm erzählt: „Er sitzt in deinem Kopf und hat sich dort breit gemacht. Er ist ein Mann mit einem großen Mund und schmalen Lippen. Seine Nase ist riesig und ein bisschen gebogen. Die kleinen Augen sind blau und lustig, er ist ein schlanker Typ, der sicherlich durch das viele Sabbeln kaum zum Essen kommt." Oh ja, wenn ich beim Essen zu viel rede, dann komme ich auch kaum dazu, die leckeren Sachen auf meinem Teller in meinen Mund zu schaufeln. Oma nennt mich dann immer ihre kleine Sabbelliese. Ich kann mich also gut in Herrn Sabbelmann hineinversetzen. Erzählen ist eben noch schöner, als zu essen, da sind Herr Sabbelmann und ich uns wohl einig. „Herr Sabbelmann hat sehr viel zu tun. Sein Tisch mit einem Drehstuhl davor, steht oben in deinem Kopf direkt hinter der Stirn. Er erzählt dir den lieben langen Tag lang Geschichten, einfach so, immerzu! Er erzählt dir alles, was ihm gerade in den Kopf kommt – und das ohne Pause. Hör mal hin! Kannst du ihn sabbeln hören?", fragt die Omi mich.

Ja, tatsächlich, jetzt hatte ich es erst bemerkt; im Kopf redet leise immer eine Stimme mit mir. Sie erzählt mir etwas zu all den Sachen um mich herum. Wie meine Schulfreundin heute aussieht oder dass der Nachbarshund immer bellt, wenn ich am Zaun vorbei gehe, möglicherweise kann er mich nicht so gut leiden, meint die Stimme. Dann fragt dieser Sabbelmann mich, ob ich mir eigentlich die Zähne geputzt habe. Ja natürlich! Und er schlägt mir vor, nochmal aufzustehen und in mein Aufgabenheft zu gucken, um zu prüfen, ob ich alles erledigt habe.

‚Woher weiß der das eigentlich alles?', frage ich mich. ‚Und wieso will der noch so viel mehr von mir wissen?' Meint der das auch alles nett, was er so sagt? Keine Ahnung. Aber schon komisch, dass er mir noch nie so richtig aufgefallen ist. Oder doch?' Aber nach und nach merke ich, dass ich eigentlich weiß, dass er schon immer in meinem Kopf sabbelt – und ich mich bisher einfach nie gefragt habe, was, wieso und warum.

Oma sieht die Sache so: „Herr Sabbelmann holt sich seinen Gesprächsstoff aus deinen Gedanken. Und zwar aus deinen aktuellen, und deinen alten Gedanken, die du vor langer Zeit hattest. Diese sind – wie du ja weißt - in den Aktenschränken von Herrn Unterbewusst abgelegt oder auf seinem PC gespeichert", sagt sie. "Nicht alle, aber sehr, sehr viele. Und nun vermischt Herr Sabbelmann das, was du jetzt denkst, mit dem, was du mal gedacht hast… Na, und da kommt nicht nur Gutes bei raus. Vieles, was man früher einmal gedacht hat, weiß man inzwischen besser. Das erkennt Herr Sabbelmann aber nicht. Er hat nicht genug Zeit, alle Gedanken auch noch zu ordnen und zu prüfen. Und sowieso will er einfach nur reden, reden und nochmal reden. Dabei hat er dir schon sehr viele Geschichten und Sachen zerredet", meint Oma. „Du solltest versuchen, ihm ab und zu genau zuzuhören, damit du merkst, was für einen Blödsinn er oftmals redet! Oder einfach zwischendurch weghören und dich von seinem Gebabbel erholen. "Oma redet gerade auch ganz schön viel, finde ich, und muss ein bisschen kichern. Das kann ich ihr natürlich nicht so sagen, aber kichern, das darf ich. "Auf jeden Fall solltest du das richtige Denken niemals Herrn Sabbelmann überlassen, sondern es lieber immer selbst übernehmen. Und glaube ihm bitte nicht alles, was er andauernd sabbelt", beendet Omi ihre Geschichte von Herrn Sabbelmann. Da habe ich in Zukunft einiges zu tun, ich muss nicht nur Herrn Unterbewusst, sondern auch Herrn Sabbelmann im Auge behalten, das wird mir jetzt klar.

Damit es nicht zu anstrengend wird, Herrn Sabbelmann in Schach zu halten, macht Oma mir zum Glück ein paar Vorschläge, wie es klappen könnte:

„Wenn Herr Sabbelmann dir zum Beispiel vorsabbelt: ‚Der Mathelehrer ist gemein, weil er so schnell redet und man ihm kaum folgen kann', dann könntest du dich melden und ihn bitten, es etwas langsamer noch einmal zu wiederholen. Vielleicht ist er gar nicht gemein, sondern freut sich über deinen Mut, zu sagen, dass du es noch nicht verstanden hast. An solche wunderbaren Lösungen denkt Herr Sabbelmann oft gar nicht.

Oder wenn Herr Sabbelmann dir einreden will, dass du nicht gut Skateboard fahren kannst, dann solltest du nicht auf ihn hören. Stattdessen beweist du ihm das Gegenteil, indem du unbeirrt weiter Skateboardfahren übst. Und wenn Herr Sabbelmann dich so richtig nervt, dann darfst du ihm keine Aufmerksamkeit mehr schenken. Stattdessen versuch doch mal, ihn einfach zu überhören. Dann ist er schrecklich beleidigt und du wirst sehen, er zieht sich schmollend zurück und macht eine Sabbel-Pause."

Sag mal, was erzählt denn dein Sabbelmann so?

Hinweise für Vorleser*innen: Unser automatisch ablaufender innerer Dialog kann nur abgestellt werden, indem wir ihn beobachten und eine Beobachterstellung einnehmen. So können wir klären, was wir überhaupt denken und ob wir das beenden wollen.

Edda ärgert sich

Heute habe ich mich schrecklich über Paul geärgert. Er war total gemein und hat behauptet, ich hätte abgeschrieben. Dann hat er mich auch noch verpetzt. Ich glaube, er kann mich sowieso nicht leiden und wartet nur auf Gelegenheiten, um mir eins auszuwischen.

Und weil ich so wütend bin, habe ich mir vorgenommen, es ihm heimzuzahlen. Ich weiß nur noch nicht, wie. Erst mal rufe ich aber Oma Kühnchen an und erzähle ihr alles. Sie ist immer ganz glücklich, wenn ich sie anrufe. Ich darf sie immer anrufen und ihr alles erzählen, was mir auf der Seele brennt und natürlich auch, wenn ich ihr einfach mal mein Herz ausschütten will. Es stört sie auch gar nicht, wenn ich ihr alles haarklein und doppelt oder sogar dreifach erzähle. Denn sie hat sowieso so viel Zeit, sagt sie, und freut sich über meinen Anruf. Nach den Telefonaten mit Oma Kühnchen geht es mir meist schon sehr viel besser. Fast so, als hätte ich bei ihr auf dem Ecksofa gesessen, mein Lieblingskissen gedrückt und den ganzen Ärger dort ausgespuckt.

Heute klappt das aber leider nicht so gut, so dass ich immer noch sauer bin, nachdem ich meiner Oma alles erzählt habe. Das war einfach zu viel, was Paul sich da zusammengelogen hat! Oma Kühnchen reagiert aber erst einmal ganz anders, als ich es erwartet habe. Denn anstatt sich mit mir aufzuregen, findet sie es völlig falsch, dass ich mich weiter ärgern will. "Warum darf ich nicht weiter auf den Blödmann sauer sein?", bricht es am Telefon aus mir heraus. „Ganz einfach, meine Süße", antwortet sie mir. „Weil dieser Paul dann gewinnt. Er weiß ja gar nicht, dass du dich so sehr über ihn ärgerst – wie soll er das mitbekommen? Du schmollst zu Hause, heulst vor Wut und wünscht ihm schlimme Sachen. Und nichts davon kommt bei ihm an." Ich nicke, was Oma durchs Telefon natürlich nicht sehen kann. Aber was sie sagt, leuchtet mir ein. Oma erklärt weiter: „Dein Klassenkamerad spielt wahrscheinlich gerade fröhlich in seinem Zimmer mit seinen Legosteinen und hat schon alles vergessen. Das ist leider immer so beim Ärgern: Derjenige, über den man sich ärgert, bekommt das gar nicht mit, er weiß nichts davon. Und der andere hat trotzdem einen doofen Tag und schlechte Laune."

Ich finde zwar ein bisschen, dass Oma gut Reden hat, denn sie wird ja nicht geärgert. Deshalb muss sie auch nicht lernen, damit umzugehen. Aber schließlich ist Oma ja auch mal in die Schule gegangen und kennt das wahrscheinlich noch alles von früher. Und außerdem liest sie diese ganzen schlauen Bücher und hat am Ende eh meist mit allem Recht. Also habe ich gleich versucht, mit dem Ärgern aufzuhören. Den Gefallen wollte ich Paul nämlich schon gar nicht tun, mich auch noch umsonst zu ärgern. Allerdings habe ich doch einen kleinen Trick angewandt: denn bevor ich einfach vergessen habe, dass ich auf ihn sauer bin, habe ich ihm in Gedanken erst einmal die Meinung gegeigt. Das tat mir gut.

Und ich habe noch eine Idee: Das nächste Mal spreche ich ihn direkt an, wenn er lügt und wieder so doof zu mir ist. Dann wird er sich bestimmt entschuldigen und sowas vielleicht nicht wieder machen.

Das Beste wird sein, ich lasse in Zukunft meinen Ärger dort, wo er hingehört: Ich lasse ihn ziehen – weit weg von mir.

Edda kann auch verzeihen

Oma Kühnchen ist der Meinung, dass es eine richtig großartige Sache ist, anderen zu verzeihen. Ich muss an Paul denken und an seine Lügen. Nun habe ich gerade gelernt, dass ich mich nicht mehr über ihn ärgern sollte – da will Oma nun auch noch, dass ich ihm diese Lügen sogar verzeihe? Aber das will ich eigentlich gar nicht. "Was? Wieso soll Verzeihen eine großartige Sache sein?", frage ich sie deshalb und wollte ihr sagen, dass ich mir das überhaupt nicht vorstellen kann. Habe ich aber doch nicht. Dafür stecke ich mir jetzt einen von ihren leckeren Keksen in den Mund und nehme einen großen Schluck von dem Kribbelwasser. Heute zur Abwechslung ohne Apfelsaft – schmeckt auch lecker. Dabei vergesse ich den doofen Paul erst einmal. Stattdessen fällt mir ein, wie sehr ich mich gerade mit meiner allerbesten Freundin Sophie gestritten habe. Sie hat meine Lieblingspuppe beim Spielen kaputt gemacht: Der Kopf ist abgegangen. Vielleicht hat sie es nicht mit Absicht gemacht, ich weiß es nicht genau. Und eigentlich spiele ich auch gar nicht mehr mit Puppen – Auf jeden Fall bin ich traurig und auch ein bisschen böse auf sie und wir gehen uns seitdem aus dem Weg.

Aber Oma hat dazu eine klare Meinung und sagt mir: „Verzeihen muss man nur einmal, dann ist alles erledigt. Wenn man das aber nicht macht, ist man viel länger traurig und böse. Vielleicht den ganzen Tag lang oder sogar über mehrere Tage hinweg. Das ist doch schrecklich, sich ständig damit zu belasten. Viel einfacher ist es, sich einmal dazu durchzuringen, jemandem zu verzeihen, sich die Hand zu reichen und wieder zusammmen zu spielen."

Ich habe mir das hin und her überlegt und fand die Idee eigentlich wirklich gut. Denn dieses dauernde Gegrolle ist wirklich sehr anstrengend und führt natürlich dazu, dass ich mit Sophie im Moment nicht mehr spielen kann – und langsam gehen mir die Ideen aus, was ich allein noch machen könnte. Daher habe ich Oma Kühnchens Rat befolgt und mich mit Sophie wieder vertragen. Um ehrlich zu sein, hat mich das schon ein bisschen Überwindung gekostet. Den ersten Schritt zu machen, ist gar nicht so einfach. Und ich wusste ja auch nicht, was sie dazu sagt und ob sie überhaupt noch mit mir spielen will, nachdem wir tagelang nicht zusammen waren. Trotzdem habe ich mich getraut.

Ich habe ihr gesagt, dass ich ihr verzeihe, dass meine Püppi beim Spielen kaputtgegangen ist. Sie war total happy und hat mich in den Arm genommen und mir ins Ohr geflüstert, dass es ihr auch ganz doll leidtut. Und das Schönste ist, dass wir jetzt wieder beste Freundinnen sind und wieder miteinander spielen können. Wenn ich ehrlich bin, dann war die Zeit ohne sie auch ganz schön langweilig.

Und weil ich es jetzt einmal probiert hatte, habe ich am nächsten Tag Paul auch verziehen und das komische grummelige Gefühl in meinem Bauch ist verschwunden. Toll, nicht?

Hinweise für die Vorleser*innen: Trägt man Kummer und Wut dauerhaft in sich, bindet das viel Kraft und Energie. Wenn man es schafft, dem Anderen zu verzeihen, ist man hingegen unbeschwert und frei. So hat man die Chance auf einen Neuanfang.

Edda fragt Oma Kühnchen nach dem Paradies

Neulich haben meine Freundin und ich in der Schule über das Paradies gesprochen. Jede von uns hat es sich anders vorgestellt. Meine Freundin glaubt, es liege zwischen den Wolken bei den Engeln im Himmel – ich stelle es mir eher wie einen großen schönen Garten mit Blumen und Bäumen vor, der irgendwo am Ende der Welt liegt.

Als ich gestern bei meiner Oma Kühnchen übernachtet habe, hatten wir viel Zeit zum Erzählen. Wir gehen dann immer zur gleichen Zeit ins Bett. Ich schlafe im Gästezimmer neben Oma und wir lassen die Tür zwischen den Zimmern auf. Oma schnarcht zwar ordentlich, aber daran habe ich mich gewöhnt. Manchmal quatschen wir sogar noch im Bett, sozusagen von Zimmer zu Zimmer.

Ich habe sie gefragt, was sie denkt, wo das Paradies ist. Und stellt euch vor, sie glaubt, dass das Paradies gar kein Ort ist. Sie denkt stattdessen, dass das Paradies im Körper eines jeden Menschen zu finden ist. Oma meint, das Paradies sei das kleine und große Glück, das in uns wohnt und sich bei uns zuhause fühlt. Sie sagt es ist die Liebe zu uns selbst und zu allen anderen Menschen. „Du kannst diesen paradiesischen Zustand erreichen, indem du liebevoll mit dir und deinen Mitmenschen umgehst und dich dadurch glücklich fühlst. Dann erkennst du dein eigenes kleines Paradies. Es ist bereits da und wartet darauf, von dir entdeckt zu werden", hat sie mit leuchtenden Augen erklärt und mir einen Kuss auf die Wange gedrückt. Diese Vorstellung vom Paradies gefällt mir sehr, da möchte ich auch dran glauben. Also habe ich mir vorgenommen, ab morgen mit dem Glücklichsein zu beginnen. Deshalb wollte ich schon mal „liebevoll mit mir selbst umgehen", wie sie gesagt hat, aber wie geht das wirklich? Ich hab's einfach versucht und mich gefragt, wann ich mich eigentlich so richtig glücklich fühle? Da ist mir einiges eingefallen. Zum Beispiel, wenn Mama Klavier spielt und dazu singt – sie kann super toll singen –, wenn Papa mit mir zusammen bastelt oder eine Radtour macht, oder wenn wir alle zusammen im Auto sitzen und in den Urlaub ans Meer fahren. Bei diesen Gedanken hatte ich 1000 Schmetterlinge im Bauch und ich glaube, ich habe dabei ein wenig gelächelt. Das muss doch wohl das „Glücklichsein" sein, oder? Auf jeden Fall bin ich dabei richtig schön eingeschlafen.

Hinweise für die Vorleser*innen: Unter einem paradiesischen Zustand versteht man, in sich zu ruhen und Glück und Liebe fühlen zu können. Man sollte versuchen, sich immer wieder diesem Zustand anzunähern, indem wir ihn uns immer wieder bewusst machen.

Edda will die Wünschefee kennenlernen

„Heute möchte ich dir mal von der Wünschefee erzählen", strahlt Oma Kühnchen mich an und ihre Augen blitzen lustig.

„Oh ja, das wäre klasse!", gebe ich zurück. Und schon legt sie los:

„Die Wünschefee möchte, dass du deinen ‚Fernseher im Kopf' einschaltest und dir das Programm mit deinen Wünschen, das in diesem Fernseher zu sehen ist, ganz genau anguckst. Kennst du denn deine Wünsche überhaupt?" Fragt sie mich mit zusammengekniffenen Augen. „Ansonsten kannst du das Programm nämlich nicht anknipsen und dir den Film gar nicht ansehen."

Was Oma wohl denkt? Natürlich kenne ich meine Wünsche: ich möchte unbedingt einen kleinen Hund haben, Urlaub mit Mama und Papa an der See machen und eine Eins in Sport. Aber so einfach ist das leider selbst von Oma und ihrer Fee nicht zu erfüllen. Aber ich erzähle dir, wie es nach Omas Plan wohl klappen soll.

Oma schaltet den Fernseher in ihrem Kopf nämlich oft ein und beschäftigt sich andauernd mit ihrem „Wunsch-Programm". Das macht sie in ihrer Fantasie mit ihrer Vorstellungskraft. Indem sie sich ihren Wunsch ganz genau ausmalt, kann sie alles sehen, hören und sogar schmecken und riechen, was sie sich wünscht. Fast so, als wäre es jetzt schon Wirklichkeit geworden. Dabei geht sie sehr gründlich vor und berücksichtigt jede Kleinigkeit. Ich möchte ja am allerliebsten mit meinen Eltern an die See reisen, das wäre also mein Wunsch. Oma würde es so machen, dass sie sich das Meer mit seinen großen und kleinen Wellen vorstellt und es sogar rauschen hört. Sicherlich würde sie auch das Meersalz riechen und die Sonne auf der Haut spüren. Sie würde den Sand unter ihren nackten Füßen spüren und das Schreien der Möwen hören. Wahrscheinlich würde sie sich auch ihre Ferienwohnung ausmalen und jede Kleinigkeit, wie die Bettwäsche von dem Bett, in dem sie schlafen würde. Außerdem würde sie – und das ist noch viel wichtiger als alles andere – die gute Laune spüren und das Glücksgefühl, im Urlaub an der See zu sein.

Ich bin der Meinung, dass Oma ihren Urlaub auch verdient hat, nachdem sie sich das alles vorgestellt hat. Das klingt nämlich auch ein bisschen anstrengend. Aber, das muss ich auch zugeben, es macht sicherlich ganz viel Spaß, sich das alles schon einmal im Kopf auszumalen.

„Also, nochmal zur Wiederholung", reißt mich Oma aus meinen Gedanken und möchte, dass ich noch einmal mit ihr durchgehe, wie ich mein Kopf-Fernsehen künftig aktivieren kann:

1. Genau überlegen, was man sich wünscht.
2. Dann in das Gewünschte hineinfühlen und so tun,
    als ob der Wunsch schon erfüllt wäre. Und sieh dir selbst
    in Gedanken dabei zu, wie du dich in deinem erfüllten
    Wunsch bewegst.
3. Spüre bereits jetzt das Glück und die Freude, die du
    empfinden wirst, wenn der Wunsch wahr würde.

Dabei ist das Fühlen das Wichtigste. Ohne das Fühlen funktioniert es nicht!", erklärt Oma mir eindringlich.

In all der Aufregung und dem Gerede um das Kopf-Fernsehen habe ich die Wünschefee komplett vergessen. Sie war es ja, die wollte, dass ich mir das alles vorstelle. Und wenn ich das gut mache, wird genau diese Wünschefee schließlich dafür sorgen, dass meine Wünsche auch in Erfüllung gehen. Oma hat mir versprochen, dass eine solche Fee in jedem Haus zu finden ist. Man muss sie nur wecken und ihr mit allen Sinnen und Gefühlen klar machen, was man sich so sehnlich wünscht. Dann legt sie mit ihrer Arbeit los.

„Und du wirst sehen, die Wünsche gehen wirklich in Erfüllung, wenn du oft und mit viel Herz an sie denkst", sagt meine Oma Kühnchen – und meist hat sie ja Recht.

Übrigens kannst du das Wünsche-Spiel wunderbar vor dem Einschlafen im Bett machen. Das macht sehr viel Spaß und vielleicht träumst du nachts von deinen Wünschen. Das hilft dir und der kleinen Fee.

Hinweise für die Vorleser*innen: Unser Leben ist kein Zufall, oder vom Universum vorbestimmt. Es ist das Produkt unserer Gedanken, die Verwirklichung dessen, was wir uns vorstellen. Das gilt für schöne und schlechte Gedanken gleichermaßen. Dies sollten wir uns immer wieder bewusst machen.

Wenn Edda nachts nicht schlafen kann

In letzter Zeit habe ich nachts oft schlechte Träume. Sie quälen mich, erschrecken mich im Schlaf und halten mich wach, nachdem ich durch sie aufgewacht bin. Das finde ich fürchterlich. Manchmal gehe ich zu Mama und Papa kuscheln, dann schlafe ich schnell wieder ein. Aber manchmal traue ich mich gar nicht erst aus dem Bett, sondern ziehe die Bettdecke hoch und verkrieche mich unter ihr. Wovor ich Angst habe, weiß ich gar nicht so genau. Aber es fühlt sich schrecklich an. Ich hasse das!

Neulich habe ich mit Oma Kühnchen über diese Alpträume gesprochen. Ich habe ihr ganz genau erzählt, wie ich mich dabei fühle und auch, dass ich dann große Angst habe. Oma hat mir den Kopf gestreichelt und mich ganz lieb angesehen. Dann hat sie mir erzählt, dass sie schon lange keine bösen Träume mehr hat. Nicht, weil sie schon zu alt fürs Träumen wäre, sondern weil sie einen persönlichen Engel hat. „Er ist immer bei mir, sobald ich die Augen schließe", sagt Oma „und bewacht mich. Das ist ein wundervolles Gefühl." Na, da erzählt sie mir wieder abenteuerliche Dinge, die Oma. Kann es denn so viele Engel geben, dass für jeden Menschen ein eigener zuständig ist?

„Aber natürlich, es gibt so viele Engel, wie wir rufen. Sie sind eben Engel, sie können an mehreren Orten gleichzeitig sein – und so ist es möglich, dass einer von ihnen ausschließlich für dich da ist", erklärt sie mir. „Du kannst deinem Engel vertrauen und dich voll und ganz auf ihn verlassen. Du kannst deinem persönlichen Engel auch alles erzählen, was dich bedrückt. Engel haben unendlich viel Zeit und verstehen dich und alle deine Sorgen. Sie setzten sich an dein Bett und bleiben auch noch bei dir, wenn du schon eingeschlafen bist. Und das Schönste ist, dass sie dich liebhaben und verstehen und immer nur das Beste für dich wollen.

Wenn du sie nachts leise rufst, erscheinen sie im gleichen Moment. Sie werden niemals müde, dir zuzuhören, auch wenn du nur ganz leise oder in Gedanken mit ihnen sprichst. Du glaubst gar nicht, wie schön das ist. So schön, dass du dann schnell wieder einschläfst."

Ich konnte Omas Geschichte nicht so recht glauben. Kommt dir das nicht auch merkwürdig vor? Dass man einen Engel einfach ruft und er direkt kommt? Und woher weiß ich denn, welchen Engel ich rufen soll? Wie heißt er überhaupt? Da kam mir die zündende Idee. Ich wollte ihn einfach „Eddas Schutzengel" nennen. Ob er auf seinen neuen Namen hört, habe ich an dem Abend nach dem Treffen mit Oma sofort ausprobiert, indem ich ganz leise und immer wieder nach ihm gerufen habe: „Eddas Schutzengel, kannst du mal zu mir kommen? Ich kann nicht schlafen!" Es hat ganz schön lange gedauert, aber irgendwann hatte ich das Gefühl, dass er bei mir ist. Ich konnte ihn spüren, ganz nahe bei mir. Ich fühlte mich auf einmal nicht mehr allein. Das war ein schönes Gefühl.

Ich habe ihm noch am selben Abend ganz viel erzählt. Natürlich nur sehr leise, fast nur geflüstert. Aber ich bin sicher, er hat es gehört. Es ist schön mit ihm, also rufe ich ihn jetzt fast jeden Abend. Und er hat immer Zeit für mich.

Hinweise für die Vorleser*innen: Anselm Grün sagt uns, dass jedes Kind einen Engel hat. Dieser Engel führt es an Orte, an denen es

nicht verletzt werden kann und an denen es sich sicher und geborgen fühlt. Das Gefühl des Behütetseins ist für die seelische Ent-
wicklung des Kindes sehr wichtig.

Edda liebt Omas Geschichten

Heute ist mir irgendwie langweilig. Keiner hat Zeit für mich und mir fällt nichts ein, was ich machen könnte. Zum Glück ist Oma fast immer zu Hause und ich gehe sie überraschen.

Als hätte sie geahnt, dass ich komme, hat sie meinen Lieblingskuchen gebacken. Zitronenkuchen mit Zuckerguss. Nachdem ich Omas Dackel Lauser ausgiebig gestreichelt habe, gehen wir zusammen in den Garten und setzen uns mit einem Stückchen Kuchen in der Hand auf die Treppenstufen. Lauser sitzt vor der Treppe und macht Männchen, er will auch was abhaben. Er hat immer Hunger, der kleine Nimmersatt. Ihr könnt euch gar nicht vorstellen, wie lange er so auf den Hinterbeinen sitzen und uns beobachten und anbetteln kann, ob wir ihm nicht einen Brocken hinwerfen. Wenn ich gut werfe, fängt er ihn meist geschickt in der Luft auf und vertilgt ihn mit einem Happs.

„Sag mal Oma, wo kommen deine Geschichten eigentlich her?", frage ich die Oma jetzt. Sie zwinkert mich an und ich bekomme natürlich mal wieder eine komische Antwort von ihr: „Sie kommen aus der Stille, aus dem Nichts, denn dort ist schon alles vorhanden", sagt sie vieldeutig und ich habe absolut keine Ahnung, was genau sie damit meint. Also pule ich erstmal ein bisschen Zuckerguss von meinem Kuchenstück und schaue zu, wie ein paar Krümel auf den Boden fallen. Schnell wie der Blitz ist Lauser da und leckt alle Krümel fein säuberlich auf. Dann guckt er mich an, denn er möchte natürlich noch mehr, aber Oma redet auch schon weiter und reißt mich aus meinen Gedanken. „Wenn mein Kopf frei ist, fallen mir meine Geschichten einfach ein. Man nennt das eine ‚Intuition'", sagt sie. „Die Geschichten sind schon da, ich sehe und höre sie mir an und schreibe sie auf. Daher kann man sagen, ich habe sie mir nicht ganz allein ausgedacht. In irgendeiner Form schwirren sie schon umher und warten auf mich", erklärt sie mir lächelnd. Und mir schwirrt ein bisschen der Kopf, denn das ist alles gar nicht so leicht zu verstehen, aber Oma ist heute in Höchstform und redet gleich weiter. „Es ist nämlich so, dass es viele fantasievolle Menschen gibt, die wunderbare Gedanken in die Welt bringen und schon gebracht haben. Und aus denen schöpfe ich."

Das kann ich mir mal gar nicht vorstellen. Ich dachte immer, dass das ganze Wissen nur aus Büchern kommt, oder von Vorträgen und solchen Dingen. Oma erklärt es mir so: „Es gibt eine innere Weisheit, auf die können wir Menschen alle zugreifen. Sie ist nicht angelesen, sondern eine Art Einsicht, ein Gedankenvorrat. Nachdem du bereits lange in Ruhe über etwas nachgedacht und sinniert hast und nicht wirklich weitergekommen bist, ploppt da plötzlich etwas in dir auf. Vielleicht ein völlig neuer Gedanke, ein Bild, oder ein Geräusch, oder ein Gefühl und du weißt: ‚Ja, das ist es, danach habe ich gesucht, das wollte ich aufschreiben. Das wollte ich dir erzählen. Das wollte ich wissen – Jetzt ist es da!'

Natürlich habe ich auch eine Menge wundervoller Bücher gelesen. Aber auch die Männer und Frauen, die diese Bücher geschrieben haben, haben sich den Inhalt nicht unbedingt selbst ausgedacht, sondern eben diese innere Weisheit genutzt und erfahren. Sie findet dich, du musst dich gar nicht besonders anstrengen. Du musst sie nur zu dir lassen."

Neulich wollte ich mal ausprobieren, ob ich diesen Gedankenvorrat auch benutzten kann.

Dazu habe ich nur vor mich hingestarrt, verschwommen geguckt und ohne an etwas bestimmtes zu denken, so wie man manchmal gedankenlos guckt, wenn man ein bisschen müde ist. Das war sehr entspannend und schön. Und da kam mir eine wunderbare Idee – die ich jetzt nicht verrate. Die habe ich anschließend gleich aufgeschrieben. Ich glaube, das ist es, was Oma Kühnchen meint.

Hinweise für die Leser*innen: Wir alle sind Teil des einen Bewusstseins, der Stille, in der alles vorhanden ist und aus der unsere Eingebungen kommen. Wenn man meditiert oder seine Gedanken beobachtet, gelangt man in diese Stille und die Intuition hat die Chance, sich über kleine Hinweise im Alltag, Gedanken und flüchtige Ideen oder auf anderen Wegen zu zeigen.

Edda ist unglaublich glücklich

„Ich bin heute so glücklich, dass ich laut quietschen und lachen könnte", hopse ich wild vor Oma hin und her und reiße die Arme in die Luft. „Ich weiß gar nicht genau, warum und wieso, aber es ist einfach so. Ich muss die ganze Zeit herumspringen und fröhlich sein."

„Das ist doch wunderbar", sagt Oma. „Dann halte es fest und strahle es aus wie eine Sonne. Dann haben alle anderen Menschen auch etwas davon." Dann fängt meine Oma an, mit mir zu tanzen. Gemeinsam wirbeln wir durch die Gegend. „Falls du es noch nicht weißt: Glücklich zu sein ist ansteckend. Man muss sich nur trauen, es zu zeigen. Man darf es nicht für sich behalten", erklärt sie mir jetzt ein bisschen außer Atem. „Alle anderen wollen auch etwas vom Glück haben und man kann es ruhig teilen. Wenn du den Leuten etwas abgibst, wird es bei dir nicht kleiner, es wird sogar eher größer und schöner. Denn Glück wird mehr, wenn man es teilt. Schau mich an", sagt Oma Kühnchen und strahlt wie ein Honigkuchenpferd „ich habe mich schon infiziert." Das stimmt wirklich, Oma lacht und fuchtelt mit ihren Armen so gut sie kann. Ihre Augen funkeln vor lauter Freude. Wie schön das ist.

Hinweise für die Leser*innen: Die eigenen Gefühle kann man willentlich hervorrufen, so auch das Glücklichsein. Ich entscheide mich also für ein Gefühl. Indem ich lächle oder lache, bringe ich mich selbst in ein Glücksgefühl, das mir guttut und auf mein Umfeld ausstrahlen kann. Dies ist die Voraussetzung dafür, dass ich weiteres Glück anziehe.

Eddas Freundin weint

„Meine Freundin Tina ist neuerdings immer ganz traurig. Ich glaube, manchmal weint sie sogar", habe ich Oma Kühnchen bei meinem Besuch gestern erzählt. „Ich habe sie neulich einfach mal in die Arme genommen, ganz ohne Worte, weil ich nicht wusste, wie ich sie trösten soll. Da hat sie mir ins Ohr geflüstert, dass ihr Papa mit einer schlimmen Krankheit im Krankenhaus liegt und sie ihn so furchtbar vermisst. Sie tut mir so leid, was kann ich nur machen, Oma?", frage ich sie.

„Dass du sie einfach nur in die Arme geschlossen hast, war genau das Richtige. Das hat ihr bestimmt sehr gutgetan. Jetzt weiß sie, dass du mit ihr fühlst und sie nicht mehr mit ihrem Kummer allein ist. Denn ihre Mama will sie bestimmt nicht noch mehr belasten", sagt Oma und nimmt mich auch ganz liebevoll in ihre Arme.

Und natürlich weiß Oma auch Etwas, wie ich Tina noch ein kleines bisschen mehr helfen kann. „Wenn du mit ihr zusammen bist, sagst du immer leise in deinem Kopf: ‚Mögest du wieder glücklich sein!'" Oma erklärt mir, dass dies Worte aus der sogenannten 'Metta Meditation' sind. „Diese Sprache klingt zwar etwas veraltet," gibt sie zu, „trotzdem ist diese Meditation nicht nur wundervoll, sie wirkt auch. Abertausende von Menschen haben sie schon angewendet – für sich und für diejenigen, die sie lieb hatten." Ich bekomme direkt eine Gänsehaut, so schön finde ich das.

Oma glaubt übrigens, dass wir Menschen alle miteinander verbunden sind – sozusagen durch die Luft hindurch, wie an einem durchsichtigen Faden, durch den man zwar hindurchgehen kann, der uns aber trotzdem alle verbindet und füreinander da sein lässt: quasi ein Zauberfaden. Genauer erklären will sie mir das erst später, wenn ich größer bin. Aber dass es diese Verbindung gibt, glaube ich ihr schon jetzt. Denn es ist so schön, dass ich meiner Freundin ganz leise und ohne Aufsehen ein bisschen helfen und Trost geben kann.

Oma sagt, weil ich ihr nur Gutes wünsche, brauche ich Tina auch nicht um Erlaubnis zu fragen, ob ich den Satz für sie sprechen darf. Und dieses heimliche Wünschen mache ich jetzt ganz oft. Wenn wir uns sehen, aber auch, wenn ich nicht mit ihr zusammen bin, denkt es leise in mir: ‚Mögest du wieder glücklich sein, Tina!' Ihren Namen nenne ich dazu, damit das Universum sie nicht mit anderen Kindern verwechselt. Laut Oma ist das auch okay und ich finde, das Universum kann ruhig einen kleinen Wegweiser bekommen, damit meine guten Wünsche auch wirklich bei ihr ankommen.

Hinweise für die Vorleser*innen: Mit den sogenannten Metta Meditationen kann man Traurigkeit und Kummer langsam in Zuversicht und Freude umwandeln und den Geist beruhigen. Man spricht oder denkt sie wie einen Singsang.

Edda wundert sich über ihre Oma

Oma Kühnchen ist bei uns zu Hause in der Küche und bügelt für Mama und Papa einen großen Wäschekorb mit Blusen und Hemden. Oma scheint die Arbeit nichts auszumachen, denn sie bügelt fröhlich vor sich hin und sieht dabei ganz vergnügt aus.

„Sag mal Oma, warum bist du eigentlich immer so entspannt und weißt, was zu tun ist? Und du hast dabei auch meistens gute Laune?" frage ich sie. Ich habe eigentlich noch nie erlebt, dass sie unruhig, verzweifelt oder aufgeregt ist. Wie kann das sein?

„Das kommt daher, dass ich versuche, möglichst oft mit dem Herzen zu denken. Das ist viel, viel schöner als mit dem Kopf zu denken", antwortet mir Oma, die gerade ein weiteres Hemd gebügelt hat und nun auf den Kleiderständer hängt, der neben ihr steht. „Wie macht man das denn?", will ich natürlich wissen. Die Antwort auf diese Frage scheint Oma nun doch etwas mehr Aufmerksamkeit abzuverlangen, denn sie stellt das Bügeleisen ab und setzt sich an den Küchentisch. Ich setzte mich auf Omas Schoß und sie beginnt zu erzählen. „Erinnerst du dich an den Herrn Sabbelmann in deinem Kopf, der dir den lieben langen Tag deine eigenen Gedanken erzählt?" Ich nicke. Den kenn ich schon. „Meinen Herrn Sabbelmann schicke ich ganz oft in den Urlaub, an einen noch schöneren Ort als meinen Kopf. Ich schicke ihn in mein Herz", will sie mir weismachen. Dabei guckt sie mich ganz wissend an. Und schon geht die Geschichte weiter.

„Ich stelle mir dabei Folgendes vor: Oben in meinem Kopf in der Stube, in der Herr Sabbelmann wohnt, gibt es eine ganz lange

Ausziehleiter. Diese reicht herunter bis zu meinem Herzen. Und an genau dieser Leiter lasse ich ihn oft herunterkrabbeln. Er tut das sehr gerne, denn er weiß, dass in der Herzgegend die Freude und die Liebe wohnen, und dass meine Seele hier zu Hause ist – so wie es bei allen Menschen der Fall ist. Darum ist es ein wunderschöner, geschützter und liebevoller Ort. Von hier aus sieht alles zauberhaft aus. Alles ist warm und heimelig.

Wenn Herr Sabbelmann sich hier niederlässt, erholt er sich ein bisschen. Seine Laune bessert sich, er fühlt sich wohl und meine Gedanken, die er mir weiterhin erzählt, verändern sich. Sie sind durchzogen von seinen neuen guten Gefühlen. Er sieht hier alles ein wenig anders: besser und liebevoller eben.

Um meinen Herrn Sabbelmann erst einmal auf seine neue Bleibe einzustimmen, verlange ich manchmal von ihm, dass er mir ganz bestimmte Sätze sagt. So etwas wie ‚Ich bin glücklich und voller Liebe.‘ Oder auch ‚Das Leben ist wunderbar‘, oder etwas anderes Schönes. Dann ist er gleich in bester Laune und kann es sich bei meinem Herzen gemütlich machen.“

Plötzlich springt Oma vom Stuhl hoch, das Bügeleisen qualmt und zischt. Das war gerade noch mal gut gegangen, fast wäre ein Loch in die Bügeldecke gebrannt. Oma rollt die Augen, stöhnt auf und setzt sich wieder zu mir. Dann erzählt sie weiter:

„Herr Sabbelmann fühlt sich dort scheinbar so wohl, dass er jedes Mal länger bleibt. Die Gedanken, die er mir dann von diesem Platz aus vorsabbelt, sind ganz andere als sonst. Sie sind liebevoller, ohne Misstrauen und ohne Ängste. Und dann geht es auch mir einfach gut. Ich fühle mich wohl und glücklich und bin gut drauf."

Ich fand das ganze so spannend, dass Oma und ich diesen Ausflug mit unseren Sabbelmännern direkt gemeinsam gemacht haben. Wir haben beide die Augen geschlossen und uns vorgestellt, wie die Sabbelmänner in unsere Herzen geklettert sind. Ich mit meinem und Oma mit ihrem. Das hat toll funktioniert und ging ganz einfach. Als Herr Sabbelmann in mein Herz runtergestiegen war, habe ich nochmal über einen Streit mit Mama heute über das Tischabdecken nachgedacht. Vielleicht wäre es für mich ja doch kein Problem, nicht nur mein eigenes benutztes Geschirr in die Spüle zu bringen. Scheinbar hat Herr Sabbelmann mir diese Geschichte vom Geschirrabdecken aus der Stube im Kopf heraus zuvor in einer anderen Weise erzählt, als er es nun tut. Dann fiel mir plötzlich die Mathearbeit ein, die für morgen angesagt war und ich habe erst einen kleinen Schreck bekommen. Aber Herr Sabbelmann hat gemeint, ich könne ganz ruhig bleiben. Ich hätte genug geübt und der Mathelehrer habe ja genau gesagt, was drankommen soll. Ich war ganz verwundert, dass Herr Sabbelmanns Worte so entspannt waren, wie sonst selten. Ich glaube, er war in bester Stimmung.

Hinweise für die Vorleser*innen: Um mit dem Herzen zu denken, muss eine Kohärenz, ein Gleichklang zwischen dem Herzen und dem Geist, hergestellt werden. Denken wir nur mit dem Kopf, also mit unserem Verstand, dann denkt unser Ego, das urteilt und gern nur an sich selbst denkt. Im Herzen sitzt bildlich gesprochen unsere Liebe. Die Liebe urteilt nicht, sondern verzeiht.

Edda möchte gern meditieren lernen

Neulich habe ich in Mamas Zeitschriften geblättert. Das mache ich gern, denn Mama hat immer viele tolle Zeitschriften. Und in diesen Zeitschriften lese ich also ab und an ein bisschen. Dabei habe ich in einem der Hefte etwas über das Meditieren gefunden. Das hörte sich super an und ich hätte große Lust, es auch einmal auszuprobieren. Bleibt nur die Frage: Wie geht das? Wahrscheinlich kann Oma mir da weiterhelfen, denn Mama kann ich gerade nicht fragen. Die ist heute mit Schreibtischarbeit beschäftigt und hat mich deshalb zu Oma geschickt.

„Sag mal, Omilein, wenn ich einmal meditieren möchte, was muss ich dann machen?", habe ich meine Oma Kühnchen gefragt.

Oma freut sich richtig, dass ich das Meditieren lernen möchte und strahlt mich an. „Ich kann dir gern erzählen, wie ich meditiere, denn es gibt ganz viele Möglichkeiten und Methoden. Ich meditiere jeden Tag und ich liebe es, denn Meditieren entspannt und macht glücklich", sagt sie. Oh ja, da bin ich gespannt und lausche.

„Also" erklärt sie, „beim Meditieren geht es unter anderem darum, Ruhe und Frieden zu finden. Das geht nur, wenn das Geschnatter der Gedanken in deinem Kopf für eine Weile aufhört. Ich setze mich dafür an einen schönen Platz oder lege mich hin, schließe die Augen und beginne damit, die Gedanken zu beobachten. Ich habe dir ja schon erzählt, wie man den alten Herrn Sabbelmann im Kopf beobachtet. Du weißt auch, dass er das gar nicht gern hat und deshalb dann gleich ein bisschen weniger sabbelt. Nachdem er also etwas Ruhe gibt, versuche ich, wirklich alle

Gedanken loszuwerden, eine sogenannte Gedankenleere zu er-
zielen. Das habe ich dir auch schon mal erzählt, als wir über dein
Gedankenchaos gesprochen haben. Du kannst das so machen,
dass du die Gedanken im Kopf einfach durchstreichst, anzündest,
wegfliegen oder ins Wasser tropfen lässt. Genauso gut kannst du
dir auch vorstellen, sie auf ein Fließband zu legen oder wegtra-
gen zu lassen. Oder den Gedanken ein großes Stoppschild vor die
Nase zu halten und zu sagen: ‚Bitte löschen!' Was auch immer dir
einfällt und Spaß macht; probiere es einfach aus.

Bis hier hin kennst du das Vorgehen schon. Jetzt musst du dir nur
noch die Leere, die in deinem Kopf entstanden ist, anschauen.
Einfach reinschauen in das schwarze Zimmer, die schwarze Tiefe.
Vielleicht ist diese Tiefe auch weiß oder durchsichtig, wie die Luft
oder wie die Wolken. Alles ist möglich, alles ist erlaubt. Vielleicht
geht dein innerer Blick auch in einen wunderbaren Himmel oder
in die Tiefe eines zauberhaften Meeres.

Es steigt dann irgendwann ganz von selbst ein wunderbares Gefühl
in dir hoch. Ich selbst fühle mich manchmal, als könnte ich fliegen
und bin ganz leicht. Manchmal zaubert dieser Zustand dir auch ein
Lächeln auf das Gesicht, manchmal zeigt er dir wunderschöne Bilder. Ich sehe mich im Geist dann oft auf einer Wiese mit einem
Olivenbaum in der Mitte, unter den ich mich setze. Ein anderes
Mal kommen auch Bilder aus meiner Kindheit hoch, in denen ich
auf unserer großen Gartenschaukel sitze. Oder ich fühle einfach
nur ein Glücksgefühl. Jeder erlebt es wohl anders. Auf jeden Fall
tut es gut, sogar sehr gut. Anschließend bin ich wunderbar aus-
geruht und frisch und habe jede Menge neue Energie. Dann kann
ich mich zum Beispiel entspannt an den Schreitisch setzten und

arbeiten, neue Kochrezepte ausprobieren, voller Schwung die Betten frisch beziehen, meine Freundin anrufen, oder einen neuen Urlaub planen. Aber wie das meiste im Leben, muss man das Meditieren auch ein wenig üben. Es klappt nicht sofort. Du kannst es wunderbar nach der Schule ausprobieren, wenn du deine Hausaufgaben gemacht hast und dich dabei auch gleich ein bisschen ausruhen. Oder nachts, wenn du mal nicht schlafen kannst. Ich selbst setze mich mittags immer in meinen alten Lesesessel und meditiere dort." Jetzt will ich von Oma natürlich wissen, weshalb sie nicht auf einem Yogakissen meditiert, und grinse sie frech an. „Auf einem Yoga-Sitz sehe ich ganz sicher zum Piepen aus. Leider käme ich auch ohne Seilzug nicht wieder hoch und müsste mich zur Seite kippen lassen, um aufzustehen", lacht sie laut will gar nicht wieder aufhören. Zum Glück hat Oma viel Humor.

Jetzt weiß ich also schon mal so ungefähr, wie das Meditieren geht. Und irgendwann probiere ich es bestimmt auch mal aus, am liebsten mit Oma zusammen. Zunächst haben wir aber eine Meditation, die extra für Kinder war, ausprobiert. Oma und ich haben einige davon im Internet gefunden, die nichts kosten. Dabei erzählt dir eine nette Stimme alle Schritte, die du machen sollst. Du brauchst nur deine Augen zu schließen und mitzumachen. Unsere Meditationsstimme hat mit uns zum Thema Selbstliebe meditiert. Das war so schön, ich war richtig begeistert. Ich glaube, das mache ich jetzt öfter mal, wenn Mama es mir erlaubt und es mir auf ihrem Handy einstellt.

Hinweise für die Vorleser*innen: Bei einer Meditation lernt man nach und nach, die Gedanken zu beruhigen und zum Schweigen zu bringen. Unser Geist kommt dann in einem leeren Raum an, dem sogenannten Quantenfeld – dem Feld der Möglichkeiten. Hier sind bereits alle Möglichkeiten des Lebens vorhanden und auch Heilung ist hier möglich. Meditationen sind dabei in höchstem Maße schön und entspannend.

Edda sucht nach Lösungen

„Oma, sag mir mal: Findest du auch, dass man immer alles gleich und sofort kapieren und möglichst auch alles gleich richtig machen muss? Einige aus meiner Klasse – ich nenne sie die vier Oberschlaumeier aus der ersten Reihe – ärgern mich ganz oft und machen sich über mich lustig, nur weil ich in der Schule ein bisschen langsamer bin als sie. Ich begreife doch auch alles, was unser Lehrer sagt, nur nicht ganz so schnell. Morgens beim Aufstehen habe ich dann oft schon Angst, dass es wieder passiert. Dass sie mich wieder blöde ansehen oder sogar über mich tuscheln und lachen."

Das habe ich gestern alles Oma Kühnchen erzählt, nachdem die „Vier Oberschlaumeier aus der ersten Reihe" mal wieder so getan hatten, als verstünden sie alles schneller und besser. Natürlich wurde ich von Oma Kühnchen dann erst einmal ganz fest in den Arm genommen, geknuddelt und abgeküsst. Danach ging es mir schon viel besser. Lauser hat dabei gekläfft und geknurrt. Er kann nicht unterscheiden, ob wir miteinander kämpfen oder uns einfach nur trösten wollen. Sobald wir uns sehr nahekommen, bellt er vorsichtshalber ganz aufgeregt. Komisch, oder nicht?

Nachdem er sich wieder beruhigt hatte, hat Oma mir folgenden Rat gegeben: „Edda, meine Süße, du darfst dieser Angst vor dem arroganten Verhalten dieser vier Mitschüler keine Aufmerksamkeit schenken. Denn das sogenannte Problem, welches deine Angst hervorruft, gibt es eigentlich gar nicht, es ist zunächst nur in deinem Kopf." Das hat sie tatsächlich gesagt. „Das, wovor du Angst hast, ist im Moment der Angst ja noch gar nicht passiert", hat sie mir erneut laut und deutlich erklärt, als sie die Fragezeichen in meinen Augen gesehen hat: „Das sind wieder Mal nur deine Gedanken, die sich diese Dinge ausmalen und vorstellen. Diese Gedanken nennt man auch Kopfkino. Auf dem Schulweg denken sie sich schon etwas Schlimmes aus und wenn du in der Schule ankommst, haben diese voreiligen Gedanken so etwas wie ein kleines Magnetfeld um dich herum aktiviert.

Wie ein Magnet funktioniert, weißt du ja: Er zieht Dinge an. Und so ziehen die Gedanken jetzt an, was du auf dem ganzen Schulweg befürchtet hast. Deshalb verhalten sich jetzt deine Mitschüler auch so, wie deine Gedanken es sich ausgedacht haben: Sie foppen und ärgern dich, wie die Gedanken es vorhergesagt haben. Doch jetzt kommt ein Trick. Wenn du es schaffst, auf dem Weg zur Schule genau das Gegenteil zu denken, läuft alles ganz anders ab. Dafür drehst du schon zu Hause und auf dem Weg zur Schule alles um, was du sonst gedacht und befürchtest hast. Stell dir vor, deine Mitschüler tuscheln nicht, wenn du kommst, sondern freuen sich, dich zu sehen. Sie winken dir zu, anstatt dir den Rücken zuzudrehen. Sie fragen dich nach den Lösungswegen der Matheaufgaben, hören dir gut zu und ignorieren dich nicht mehr. Sie bieten dir Hilfe an, anstatt dich mit irgendetwas sitzen zu lassen. Du kehrst also wirklich alle deine Bedenken und negativen Gedanken ins Gegenteil um.

Im nächsten Schritt malst du dir den Unterricht aus, wie Ruth es in der Geschichte von der Angst vor der Klassenarbeit macht. Stell dir vor, dass du dich meldest und von deinem Lehrer direkt drangenommen wirst. Ruhig und gelassen, in einem ganz normalen Tempo und ohne jede Scheu, beantwortest du alle Fragen. Du liest die Texte vor, die du vorlesen sollst und rechnest die Aufgaben, die du rechnen sollst. Du machst alles konzentriert, sicher und sofort, ohne zu zögern. So, wie die vier Mitschüler aus der ersten Reihe es auch machen würden, wenn sie dran wären.

Die negativen Gedanken ins Gegenteil umzudrehen und dir die Situation anschließend so vorzustellen, wie du sie dir wünscht, ist auch schon der ganze Trick. So ziehst du nach und nach genau die Dinge und Situationen an, die du dir zuvor vorgestellt hattest, aber diesmal so wie du sie haben möchtest. Die netten und liebevollen Dinge, die du über deine Mitschüler gedacht hast, werden passieren und du wirst dich bald im Unterricht so ruhig und sicher verhalten, wie du es gern möchtest."

Omas Vortrag war bis hier schon recht lang, muss ich gestehen. Aber sie ist noch nicht fertig und hat noch mehr zu sagen. Hoffentlich kann ich mir das auch alles merken. „Wenn du deine Gedanken öfter beobachtest, merkst du schneller, wann du sie umlenken musst. Wie dieses Beobachten geht, darüber haben wir ja schon öfter gesprochen." Oma grinst mich an und zwinkert.

„Du änderst also einfach die Richtung deiner Gedanken und die werden dir folgen", betont sie jetzt noch einmal mit erhobenen Händen. „Das kann ich dir versichern. Deine Gedanken hören auf dich, denn du bestimmst, wie sie sich verhalten. Du darfst ihnen sagen, wo es lang geht. Ab jetzt erzählen dir deine Gedanken: ‚Ich bin klasse, so wie ich bin. Ich bin schnell genug, ich kann gut rechnen und schreiben – genau wie die vier Schlaumeier.' Was meinst du, Edda, das kriegst du wunderbar hin. Das Beobachten deiner Gedanken ist dabei der Schlüssel.

Das klang jetzt erst mal nach einem langen Weg. Aber ich habe trotzdem angefangen, meine Gedanken zu beobachten. Das ist ziemlich crazy und prickelnd. Nach und nach und ganz langsam hat es tatsächlich geklappt. Wenn du es auch einmal versuchen möchtest, merke dir diese Schritte:

1. Gedanken beobachten.
2. Wenn sie nicht gut sind, drehe sie um.
3. Denke dir neue, gute Gedanken.
4. Die neuen Gedanken beobachten und dann das erleben, was du stattdessen gedacht hast. Das macht richtig happy, sage ich euch.

Hinweise für die Vorleser*innen: Bei Problemen muss man sich immer wieder klar machen, dass es sie eigentlich (noch) gar nicht gibt. Die innere Stimme erzählt uns eine Geschichte, die passieren könnte, aber noch nicht passiert ist. Wenn wir uns das klar machen, können wir ruhiger und strukturierter ein positives Mindset aufbauen.

Edda lernt die EGO-Familie kennen

Neulich bin ich zu Oma Kühnchen gegangen, weil ich gerade sehr traurig war. Gemütlich an sie gekuschelt, ging es mir schon gleich ein wenig besser. Jetzt konnte ich ihr in aller Ruhe erzählen, was mich so bedrückt: „Weißt du Oma, eine meiner Freundinnen, sie heißt Elvira, ist ganz oft richtig gemein zu mir. Wenn ich sie besuchen komme, schickt sie mich manchmal einfach weg, weil sie mit einer anderen Freundin verabredet ist und mich nicht dabeihaben will. Oder sie sagt richtig gemeine Sachen zu mir, um mich loszuwerden, weil sie was anderes vorhat und mich nicht mitnehmen will."

„Kennst du eigentlich die EGO-Familie?", hat Oma Kühnchen mich dann gefragt. „Vielleicht ist Elvira ja eines der Familienmitglieder?" Oma grinst mich schelmisch an und fährt fort:

„Diese EGO-Familie hat immer nur Ich! Ich! Ich! im Kopf und leider auch im Herzen. Sie bewacht eifersüchtig alles, was ihr Spaß macht und was für sie vorteilhaft ist. Diese Familie hat kaum noch Freunde – wen wundert das. Soll ich dir noch mehr von ihr erzählen?", fragt mich die Oma. Na klar, ich wollte alles über diese Familie wissen. Und da hat Oma Kühnchen losgelegt:

„Weißt du, diese EGO-Familie teilt zum Beispiel nicht gern mit anderen Leuten, also teilt auch niemand mit ihr. Sie ist meistens schlecht gelaunt – das steckt alle Leute um sie herum an und schon sind auf einmal alle schlecht gelaunt. Außerdem lächeln die Familienmitglieder sehr selten, denn um sie herum lächelt ja auch niemand, sagen sie sich. Die Familie benutzt andere Leute zu ihrem Vorteil und lässt sie wieder fallen, wenn ihr etwas nicht passt. Dadurch werden die Menschen immer vorsichtiger im Umgang mit ihr. Dabei ist die EGO-Familie schrecklich eifersüchtig auf das, was andere Familien haben. Die Anderen spüren das und lassen sie deshalb nicht an ihrem Glück teilhaben.

Man kann die Liste noch ewig so fortführen", meint Oma Kühnchen.

„Das Traurige an alledem ist, dass das Umfeld dieser EGO-Familie sich dadurch genauso gestaltet und verhält, wie sie selbst. Denn die glücklichen und liebevollen Menschen halten sich von ihr fern. Nette Leute wollen mit der EGO-Familie möglichst wenig zu tun haben. Sie sind lieber mit freundlichen, großzügigen, liebenswerten und lustigen Leuten zusammen."

„Das ist ja schrecklich. Wie kann man denen denn helfen?", möchte ich jetzt aber wissen, denn die EGO-Familie tut mir schon irgendwie leid.

„Du musst versuchen, dieses Spiel mit einem für alles offenen Herzen zu durchbrechen. Sieh einfach für eine gewisse Zeit über das hinweg, was dir nicht gefällt, und sei trotzdem lieb und freundlich zu der EGO-Familie. Und du solltest unbedingt gelassen bleiben. Versuche eine Zeit lang ihr unschönes Verhalten so liebevoll wie möglich zu betrachten. Tue so, als würdest du das Unschöne an ihr nicht bemerken. Es kann sehr gut sein, dass sich ihre Probleme dann auflösen. Das wäre doch für alle Beteiligten und deine manchmal gemeine Freundin das Beste, oder?", zwinkert sie mir lächelnd zu.

Na klar, das sehe ich auch so. Ich fände es sehr schön, wenn das auf diese Weise klappen würde. Allerdings müsste ich da schon über meinen eigenen Schatten springen, glaube ich. Aber ich habe es dennoch versucht.

Neulich hat nämlich Elvira wieder zu mir sagt: „Heute kannst du nicht mit mir spielen, heute kommt meine Freundin Marion, die mag dich nicht. Du kannst ein anderes Mal wiederkommen." Puh, da musste ich erst mal schlucken. Und dann habe ich es ausprobiert und gesagt: „Das macht doch nichts. Dann gehe ich eben zu unserer netten Nachbarin, ihren Hund ausführen. Er ist ganz besonders süß und freut sich immer riesig, wenn er mich sieht", dabei habe ich sie angelächelt und mein Herz hat sich gleich wieder beruhigt. Gestern hat sie mich dann kleinlaut gefragt, ob sie mal mitkommen darf, wenn ich den Hund ausführe. Dabei hat sie mir erzählt, dass sie mit Marion abgemacht hat, dass wir das nächste Mal zu dritt zusammen-spielen wollen.

Als ich vor sechs Wochen krank war hat Elvira mir nicht mal die Hausaufgaben vorbeigebracht. Das war ihr viel zu viel Aufwand, obwohl wir doch Nachbarn sind. Jetzt war sie selbst krank und ich bin hingegangen und habe ihr ihre Klassenarbeit zurückgebracht. Da hat sie geguckt wie ein Auto und sich unheimlich gefreut. Ich war richtig stolz auf mich und habe mich sehr gut gefühlt. Bestimmt bringt Elvira mir in Zukunft auch die Hausaufgaben, wenn ich mal wieder krank sein sollte.

Hinweise für die Vorleser*innen: Es ist immer gut, dem Anderen sein Verhalten vor Augen zu führen, damit dieser die Chance bekommt, sich zu ändern.

Edda und das Fräulein Seelchen

„Oma weißt du, in den Schulpausen unterhalten sich alle Mädchen immer darüber, wer wessen beste Freundin ist. Aber genauso oft unterhalten wir uns darüber, wer gerade nicht die beste Freundin ist. Als beste Freundin ist man natürlich viel wichtiger – das sagen und wissen die meisten Mädchen. Und du müsstest sehen, wie gemein einige gucken, wenn sie darüber reden. Zu Anika hat dann gestern ein Mädchen gesagt, sie sei nicht mehr ihre beste Freundin, das wäre ab jetzt Michaela. Anika kamen sofort die Tränen, sie tut mir richtig leid!"

Oma legt ihren Arm um mich und drückt mir einen Kuss auf die Stirn. Dann nehmen wir Lauser an die Leine und gehen ein bisschen spazieren. Lauser beschnuppert jeden Baum und kläfft jeden anderen Hund an, der alte Giftzwerg.

Die frische Luft tut gut und für das Problem von Anika weiß Oma glücklicherweise mal wieder eine Geschichte zu erzählen. Dabei handelt es sich um die Geschichte von Fräulein Seelchen, die ich dann Anika weitersagen kann.

„Kennst du eigentlich schon Fräulein Seelchen?", fängt Oma wie meistens an. „Man kann sagen, dass sie eine Seele von Mensch ist. Sie ist sehr liebenswert, immer freundlich und gut drauf, nur ein wenig verschreckt und verträumt. Ihre Augen strahlen und ihr Lächeln ist geradezu ansteckend.

Sie wohnt in deinem Herzen. Hast du das schon mal bemerkt?", möchte Oma wissen. „Nee, habe ich nicht", antworte ich ein bisschen kratzbürstig, obwohl ich eigentlich gar keinen Grund dazu habe. „Dann gehörst du wohl auch zu denen, die ihr Fräulein Seelchen verstecken und nicht zeigen wollen", zwinkert mir Oma zu. „Aber das wäre zu und zu schade, denn sie ist ganz zauberhaft und wunderbar, so dass man sie einfach liebhaben muss. Und das Beste an ihr ist, dass sich um sie herum immer viele nette und liebe Kinder versammeln. Die Kinder sehen ihr Lächeln, hören ihre freundliche Stimme und möchten gern mit ihr zusammen sein. Und weil es im Leben so ist, dass Gleiches immer Gleiches anzieht, zieht ein liebevolles Wesen auch nur liebevolle, freundliche und fröhliche Kinder an. Die grummeligen und schlecht gelaunten Kiddies bemerken Fräulein Seelchen gar nicht erst. Außerdem wird grummelig nicht von freundlich angezogen. Genauso wenig wie zickig von fröhlich angezogen wird.

Unser Fräulein Seelchen aber möchte sehr gerne viele Freunde und Freundinnen haben. Sie macht keinen Unterschied zwischen ihren Freunden, alle sind ihr gleich lieb und sie behandelt alle gleich gut. Sie hat nämlich ein sehr großes Herz, in das sie alle lieben Menschen um sich herum hineinlassen kann. Sie gibt jedem die Chance, von ihr gemocht zu werden.

Also Edda, wecke dein Fräulein Seelchen jetzt mal auf. Lass dir von deinen Mädels nichts erzählen. Zeige ihnen, wie viele Kinder bei Fräulein Seelchen in deinem Herzen Platz haben könnten. Es sind sehr viele, oder sind es sogar alle? Ganz bestimmt aber ist Anika dabei, ihr solltest du von Fräulein Seelchen unbedingt erzählen", beendet Oma ihre kleine Geschichte.

Ich habe mir vorgenommen, morgen nicht nur Anika, sondern

allen meinen Freundinnen das Fräulein Seelchen zu zeigen. Vielleicht können wir sogar mal versuchen alle gleich gute Freundinnen zu sein? Wäre das nicht wunderbar? Dann braucht auch niemand mehr traurig zu sein.

Hinweise für die Vorleser*innen: Das Gefühl des „wir sind alle eins und miteinander verbunden" zu verstehen, wird die Welt immer wieder ein bisschen schöner machen.

Immer wieder diese „Freundinnen"

Es ist mal wieder so weit, ich fühle mich wirklich mies und bin einfach nur unglücklich. Denn ich bin überzeugt davon: Meine Freundinnen sind alle bescheuert, passen gar nicht zu mir und mögen mich auch nicht wirklich – ich spüre das. Deshalb bin ich heute tieftraurig, sauer auf mich und die Welt und überhaupt... alles ist doof!

Ich schwinge mich auf mein Rad und fahre rüber zum Liebesgrund, zu Oma. Auf der Fahrt habe ich einen dicken Kloß im Hals, eigentlich möchte ich weinen oder schreien, etwas steigt in mir hoch. Aber ich schaffe es, meine Gefühle so lange zu unterdrücken, bis ich bei Oma bin.

Zum Glück ist sie da, wie meistens, wenn ich sie so dringend brauche. Als sie die Tür aufmacht, fallen wir uns gleich um den Hals. Ich weine ihr erst mal die Bluse nass und bin dabei so laut, dass Lauser mich währenddessen ängstlich mit der Nase anstupst. Plötzlich bellt er mich ganz aufgeregt an und wedelt heftig mit dem Schwanz. Jetzt ist er wahrscheinlich plötzlich eifersüchtig oder denkt, Oma und ich würden miteinander ringen. Scheinbar ist er völlig durcheinander.

Oma und ich müssen direkt über ihn lachen, weil er solch einen Affentanz aufführt, und dann streicheln und beruhigen wir ihn. Dabei leckt er mir einmal quer übers Gesicht. Igittigitt, ich mag das gar nicht. Aber jetzt fühle ich mich schon deutlich besser. Zumindest habe ich mich schon mal ein bisschen entspannt. Oma und ich grinsen uns an und gehen Arm in Arm in die Stube, um uns auf unsere Sofaecke zu setzen.

„Na, nun erzähl mal, wo der Schuh denn drückt, süße Maus", muntert sie mich noch mal auf und jetzt bricht alles aus mir heraus: „Weißt du, Oma, ich habe gar keine richtigen Freundinnen und darüber bin ich fruchtbar traurig. Ich möchte so gerne eine oder sogar zwei Freundinnen haben. Sie sollen mich gernhaben, fröhlich sein und immer für mich da sein. Jetzt, wo meine liebe Katja, die in der Schule immer neben mir saß, auch noch weggezogen ist, habe ich niemanden mehr. Ich bin schrecklich unglücklich, Oma. Die anderen Mädchen in meiner Klassenreihe sind ganz dicke miteinander. Sie stecken immer die Köpfe zusammen und tuscheln, damit ich es nicht hören kann. Will ich auch gar nicht... diese blöden Zicken können mich mal! Ich weiß ganz genau, dass sie mich doof finden und mich nicht dabeihaben wollen. Sie gucken immer zu mir rüber, wenn sie über mich tuscheln." Mein Kloß im Hals ist immer noch da, ich habe meine Arme vor der Brust verschränkt und die Tränen kullern auch noch.

Oma rutscht ganz dicht an mich heran, legt einen Arm um mich und wir beide schweigen erst mal eine kleine Weile. Das tut gut und fühlt sich an, als ob jemand langsam die ganzen Schnüre um mich herum löst. Dann guckt sie mir in die Augen und sagt: „Hör zu, Mausepeter, daran wie du dich verhältst, müssen wir mal etwas ändern, damit das Zusammensein unter euch Mädchen besser werden kann."

„Aber ich mache ja gar nichts, ich sage nichts und ich tue ihnen auch nichts," wehre ich mich und fühle mich von Oma falsch verstanden. Oma sieht das ganz anders und erklärt mir: „Du sendest gewisse Signale an die Mädchen aus. Nicht wissentlich, nicht mit Absicht, aber sie spüren das. Du traust ihnen nicht, denkst nicht nett über sie, glaubst, sie wollen dich nicht dabei haben und dass sie dich nicht mögen. All das fühlen sie. Sie sehen es in deinen Augen. Sie spüren, wie dein Herz ein Schutzschild vor dir aufbaut und sie merken an deinen Gesten, dass du ihnen aus dem Weg gehst. Sie werden an ihrem Verhalten nichts ändern, denn das ist deine Aufgabe. Du solltest dich um sie bemühen, sie anlächeln. Du musst es wagen, die ersten Schritte auf sie zuzugehen. Du solltest sie freundlich ansehen und ihnen interessiert zuhören. Du musst versuchen, ihre Gefühle zu spüren. Dabei solltest du immer etwas Gutes erwarten, darauf vertrauen, dass du etwas Schönes sehen, hören und fühlen wirst. Du wirst bald merken, dass deine Freundinnen deine positive Art wahrnehmen. Sie warten nur darauf, dass du sie beachtest und ihnen zeigst, dass du ihre Freundin sein möchtest. Die beiden großen Eierschalen, die du um dich und die Anderen um sich aufgebaut haben, werden wie von selbst zerplatzen. Woher konnten sie bisher wissen, was du wirklich von ihnen möchtest, wenn du es ihnen noch gar nicht offen gezeigt hast? Schenke ihnen ein freundliches Lächeln, verschränke deine Arme nicht mehr, habe Vertrauen in dich selbst. Frage sie einfach: ‚Darf ich mitmachen?' Lächle sie dabei an und gib ihnen eine Chance. Und du weißt ja, Glücklichsein ist ansteckend, aber du musst damit beginnen, damit die anderen sich anstecken können!"

„Das sagt sich so leicht, sie anlächeln, ihnen zeigen, dass ich mitmachen möchte," höre ich meinen Herrn Sabbelmann sagen. Anderseits, wenn ich nichts mache, bleibt alles wie es ist, das will ich auch nicht. ‚Also, was habe ich zu verlieren?', überlege ich, oder ist das der Sabbelmann? Egal, ich muss was ändern und das geht nur, wenn ich etwas tue oder sage. Morgen in der Schule werde ich es versuchen. Ich erzähle dir dann davon.

Hinweise für die Leser*innen: Im täglichen Leben geht es meist nicht darum, wer Schuld hat und wer nicht, sondern darum, wer den Mut hat, den ersten Schritt zur Lösung zu machen. Wenn dieser erst getan ist, lösen sich meist viele Probleme.

Die Sache mit der Seele

„Oma, sag mal, was ist eigentlich eine Seele und wo wohnt sie überhaupt?" Das möchte ich heute mal von meiner Oma wissen. Schließlich habe ich immer viele Fragen und bin neugierig und von Oma kann ich einfach total viel lernen. Mama weiß zwar auch eine Menge, aber eher praktische Dinge. Oma aber kennt sich mit den speziellen Themen aus, wie ich finde. Und jetzt möchte ich eben mal ganz im Speziellen wissen, was es mit dieser Seele auf sich hat. Oma guckt mich ganz erstaunt an: „Na, du kannst ja Fragen stellen, Edda. Wie kommst du darauf?", fragt sie mich. „Lisa hat mir gesagt, dass ihre Oma gestorben ist und die Seele von ihrer Oma jetzt im Himmel ist", erzähle ich Oma weiter. „Lisa war furchtbar traurig und hat schrecklich geweint, weißt du."

„Ich denke, die Seele eines jeden Menschen wohnt in seinem Herzen, so wie das Fräulein Seelchen, von dem ich dir schon mal erzählt habe. Die Seele stirbt niemals – auch nicht, wenn der Mensch stirbt, sie lebt weiter. Sie ist ewig. Ich glaube, sie ist wie ein Licht, das ewig brennt. Sie hat all das Wissen des Menschen, in dem sie wohnt, in sich aufgenommen. Die Seele ist das, was durch deine Augen sieht und dich und deine Welt voller Liebe und Freude beobachtet. Sie ist in dir geborgen und beschützt, so kann sie ewig sein. Sie ist auch sehr weise, denn sie kann alles wunderbar behalten, was sie gelernt und erfahren hat. Die meisten Leute nennen sie ihr inneres Wesen.

Wenn man meditiert – also in völliger Stille mal in sich hineinhorcht – kann man sich mit ihr verbinden, sich besinnen, dass sie da ist. Das Meditieren wolltest du doch später auch mal ausprobieren, dann wirst du es herausfinden." Stimmt, wie das Meditieren geht, habe ich ja schon von Oma gelernt, zumindest ein kleines bisschen. Vielleicht kann ich meine Seele – wenn ich noch etwas älter bin – dann auch finden.

„Wenn irgendwann der Körper eines Menschen stirbt, geht seine Seele zurück in den Himmel, dahin wo sie einmal herkam, als dieser Mensch geboren wurde. Ein Teil seiner Seele ist als Engel im Himmel geblieben und hat diesen Menschen beschützt und begleitet. Daran glauben ich und viele andere Menschen ganz fest."

Ich finde, das hört sich erst mal ganz schön spuki an, oder? Aber je mehr ich darüber nachdenke, desto mehr gefallen mir Omas Gedanken. Ich versuche, sie jetzt immer mal zu spüren, meine eigene Seele, wie sie durch meine Augen schaut und mit meinen Ohren hört. Irgendwie ein wunderschönes Gefühl, dass sie bei mir und in mir ist. Besonders schön finde ich, dass es sie auch noch als Engel gibt, der auf mich aufpasst. Was denkst du?

Hinweise für die Vorleser*innen: Unsere Seele ist der unsterbliche Teil in uns und um uns herum. Er ist mit allen anderen Seelen verbunden. Nur ein Teil jeder auf der Erde lebenden Seele lebt hier ein menschliches Leben. Der überwiegende Teil der Seele ist in der Ewigkeit, im Himmel – oder wie immer Sie es nennen möchten – als der diesen Menschen beschützende Engel. So erklärt es uns wundervoll bildlich Kurt Tepperwein. Den Kindern kann dieses Wissen ungemein viel Kraft und Sicherheit geben.

Edda hat ganz besondere Wünsche

„Oma, ich wünsche mir so sehr ein kleines Kaninchen oder einen Hamster zu meinem Geburtstag. Mama und Papa hören mir nie zu, wenn ich mit ihnen darüber sprechen will. Sie finden das nicht so wichtig. Sie haben den Kopf immer voll anderer Dinge und immer furchtbar viel zu tun. Wie kann ich sie bloß davon überzeugen?"

Oma antwortet mir mal wieder wie ein Buch mit sieben Siegeln: „Wenn das wirklich das Richtige für dich ist und du es dir von Herzen wünschst, müsste dir das Universum eigentlich deinen Wunsch erfüllen. Allerdings ist es wichtig, es dort auf die richtige Art und Weise zu ‚bestellen'. Wenn du es richtig anfängst, klappt es ganz bestimmt." Übrigens: Im Universum sind wir angeblich alle miteinander verbunden, hatte mir Oma schon mal erklärt. Alle Lebewesen auf der Erde, der ganz Kosmos, und so weiter. Alles ist miteinander wie mit einem durchsichtigen Band verbunden und verwoben. Das hat mir Oma schon bei dem Gespräch über meine Freundin Tina erzählt.

„Und was soll ich nun machen", frage ich Oma jetzt etwas entnervt, „damit sich mein Wunsch erfüllt?" Sie hebt den Zeigefinger und grinst mich liebevoll an: „Da gibt es eine ganz wunderbare Herangehensweise, mit der du das Universum dazu bringst, deinen Wunsch wahr werden zu lassen. Du musst dir dazu ganz genau vorstellen, wie es ist, wenn das kleine Kaninchen bei dir ist. Du musst in deinen Gedanken und innerlich vor deinen Augen sehen, wie es bei dir lebt. Du siehst und fühlst zum Beispiel sein wuscheliges warmes Fell, aus dem die kleine Stubsnase herausschaut. Du siehst den Kaninchenstall hinter eurem Haus, den du liebevoll farbig von außen angemalt hast. Du riechst das Heu, das der kleine Kerl zu Fressen bekommt und du atmest den Staub des Strohs ein. Das Wichtigste dabei aber ist: Dein Herz sollte vor Freude hüpfen, jetzt ein kleines süßes Kaninchen zu haben. Genauso wichtig ist das Glücksgefühl, das du spürst, wenn du es streichelst, oder wenn es mit seiner kleinen Nase an dir schnuppert. Versuch dich zu hören, wie du liebevoll mit ihm sprichst, während du es streichelst und spüre sein weiches Fell unter deinen Fingern, sowie seine Körperwärme, wenn es auf deinem Schoß sitzt. Vielleicht spürst du auch, wie sich seine Pfötchen anfühlen und hörst es leise schnorcheln, wenn es in seinem Körbchen schläft. Du tust einfach so, als wäre dein Kaninchen jetzt schon da und du wärst darüber überglücklich." Ich könnte mir vorstellen, dass das bestimmt sehr viel Spaß macht, mir so etwas auszumalen. Das wäre für mich schon mal kein Problem, das kann ich.

Aber Oma redet noch weiter: „Und bitte denk dir das alles ganz genau aus, nicht nur so ein bisschen nebenbei. Je intensiver du alles spürst, desto besser kann sich dein Herr Unterbewusst alles merken und es ebenfalls spüren. Du kennst doch noch Herrn Unterbewusst? Ich hatte dir schon von ihm erzählt. Er legt nicht nur alle deine Gedanken ab und merkt sich möglichst viele Dinge, er versucht auch, deine Gedanken und Wünsche in die Tat umzusetzen. So klein und rund, wie er ist, so fleißig ist er auch. Er arbeitet unermüdlich daran, deine Wünsche vorzubereiten, ihnen den Weg zu ebnen und sie umzusetzen. Er setzt sich mit seinen Kollegen bei den anderen Menschen in Verbindung – schließlich haben alle Leute einen Herrn Unterbewusst. Und gemeinsam sind sie ein großartiges Team. Am allermeisten liebt er dabei deine Gefühle, denn die treiben ihn an, hart zu arbeiten und deine

Wünsche in diese Welt zu holen. Dein Glücksgefühl, das Kribbeln in deinem Bauch, deine Liebe zu dem kleinen Kaninchen, all das kann man schon jetzt spüren. Damit erkennt Herr Unterbewusst ganz genau, was er in dein Leben holen soll. Er freut sich über seine Aufgaben und es macht auch ihm riesigen Spaß, sie in die Realität umzusetzen." Ich spiele jetzt jeden Tag ein bisschen Zukunft und tue so, als wäre mein kleines Haustier schon da. Ich habe schon den Stall geplant und im Internet nachgesehen, was ich dem Kaninchen zu Fressen geben sollte und wo ich Stroh herbekomme. Es macht wirklich viel Spaß, sich damit zu beschäftigen und daher mache ich immer weiter damit.

Hinweise für die Vorleser*innen: Das hoch aktuelle Thema des Visualisierens ist nicht neu, sondern bereits in alten spirituellen Büchern zu finden. Die Kinder können es spielerisch erlenen und zu ihrem Alltag machen.

Schon wieder so viele Fehler im Diktat

„Oma, stell dir vor, ich habe schon wieder so schrecklich viele Fehler im Diktat gemacht, es ist einfach zum Heulen Ich kann mir diese ganzen blöden Wörter einfach nicht merken. Wenn ich sie schreiben soll, dann denke ich wirklich angestrengt nach, aber es fällt mir einfach nichts ein. Groß, klein, zusammen, mit ‚ie' oder nur mit ‚i', mit zwei ‚t' oder nur mit einem… Ich bin verzweifelt, wie soll mein Gehirn das alles wissen? Das ist doch viel zu viel."

„Ach, du armer Hase", tröstet mich Oma und sieht mich auf diese bestimmte Art an, bei der ich schon ahne, dass wieder einer ihrer dicken Kussies droht. Stattdessen fängt sie erstmal an zu reden und offensichtlich tue ich ihr leid. „Mit dem Kopf allein schafft man das auch nicht. Man muss auch mit Herrn Unterbewusst und mit den Augen zusammenarbeiten, die helfen alle gern. Weißt du eigentlich schon, dass in den Augen ganz klitzekleine, lustige bunte Fische leben, die selbst sehr große und schöne Augen haben? Sie gucken alles intensiv an, als hätten sie Vergrößerungsgläser und geben das, was sie sehen, an Herrn Unterbewusst zum Speichern weiter. Wenn sie irgendetwas immer wieder sehen, wie etwa das geschriebene Wort ‚Liebe', geben sie es trotzdem jedes Mal wieder an Herrn Unterbewusst weiter. Herr Unterbewusst sammelt diese Worte dann immer an der gleichen Stelle. So kann er diese Dinge besser finden und auch wieder herausgeben, wenn die Info, wie man ‚Liebe' schreibt (mit i oder ie), wieder gebraucht wird.

Um ihn bei seiner Arbeit zu unterstützen, ist es für unseren Herrn Unterbewusst sehr hilfreich, wenn man nicht aus jedem Wort ein Gemälde macht oder es immer wieder mit einer anderen Schrift schreibt: mal mit Buchstaben, die aussehen, als hätte man sie umgepustet, mal mit Buchstaben, die wie eine Eins aufrecht stehen, mal in Druckschrift, mal mit Schnörkelschrift – so wie du es, glaube ich, gern machst. Denn das verwirrt die ‚Glubschies‘, wie ich die kleinen Fische in den Augen nenne. Sie denken dann, es sei jedes Mal ein anderes Wort und lassen Herrn Unterbewusst dieses in unterschiedlichen Schreibweisen geschriebene Wort auch an unterschiedlichen Stellen ablegen und abspeichern. Wenn du das Wort ‚Liebe‘ dann in deinen Kopf hochholen willst, findet Herr Unterbewusst das Wort deshalb nicht nur einmal, sondern gleich ganz viele davon. Und weil er nicht weiß, welches du brauchst, schickt er sie dir einfach alle. Jetzt hast du ganz viele Worte vor deinem inneren Auge, alle Varianten, die er abgespeichert hat.“ Leider hat Oma mal wieder Recht, ich schreibe gerne Schönschrift und probiere dabei viele Formen aus. Ich finde es einfach schön, wenn es mal geschnörkelt ist, dann wieder geradlinig, aussieht wie gedruckt oder wie gemalt. Vielleicht kennst du das und machst das auch? Aber Oma redet schon weiter:

„Dann sitzt du also in der Schule vor deiner Arbeit und die vielen Schreibweisen von ‚Liebe‘, die dir Herr Unterbewusst gerade geschickt hat, bringen dich natürlich ganz schön durcheinander. Dabei willst du im Diktat eigentlich nur schnell das richtige Wort auswählen und hinschreiben. Schöner wäre es also, wenn du das Wort nur einmal in der richtigen Schreibweise vor deinem inneren Auge sehen könntest. Das klappt aber nur, wenn das Wort ‚Liebe‘ beim Einsortieren jedes Mal auf demselben Stapel landet, weil du es immer in der gleichen Form schreibst. Dann sieht es immer gleich aus und Herr Unterbewusst holt dir auch nur eins. Auf diese Weise klappt es im Diktat dann ganz einfach. Ich würde dir daher raten, eine Schreibform zu finden, in der du immer schreiben möchtest. So kannst du deinen Glubschies immer wieder das gleiche Bild von einem Wort anbieten, damit es auch wieder zu dir zurückfindet."

Oh je, das war mal wieder ein langer Vortrag von Oma. Ich brauche jetzt erst mal eine Pause. Ob ich mir das wirklich abgewöhnen will, mit meiner Schreiberei, das weiß ich noch nicht. Es macht mir einfach Spaß. Vielleicht versuche ich es mal für eine kurze Zeit und gucke, ob mir Diktate dann leichter fallen. Dann kann ich es weiterhin so machen, oder eben nicht.

Jetzt nehmen wir erst Mal Lauser an die Leine und gehen mit ihm eine Runde durch den Liebesgrund. An der Leine fühlt er sich mal wieder so stark, dass er jeden anderen Hund ankläfft und den Wilden spielt. So ist er nun mal, unser Lauser.

Hinweise für die Leser*innen: Im Unterbewusstsein werden unsere Informationen gespeichert. Damit das gut und richtig funktioniert, ist es sinnvoll, dass die Kinder auch lernen, visuell zu arbeiten.

Probleme, Probleme, Probleme

„Oma, du sagst doch immer, dass es keine Probleme gibt. Das hast du mir erzählt, aber es stimmt gar nicht. Ich habe nämlich welche und weiß gar nicht, was ich machen soll. Mein Problem ist Sven. Er sitzt jetzt neben mir in der Schule. Er *ist* eigentlich ganz nett, aber er schmatzt immer so doll beim Kaugummikauen, dass ich ganz wütend werde. Und dann kapiere ich vor lauter Ärger die neuen Matheaufgaben nicht. Ich traue mich aber nicht, dann nochmal beim Lehrer nachzufragen. Und Sven zu sagen, er soll nicht so schmatzen, mag ich auch nicht."

„Ok, Edda, ich bleibe dabei, dass es keine Probleme gibt. Denn das erzählt dir nur dein Verstand. Aber du kannst ihn beruhigen und trotzdem versuchen, eine Lösung zu finden", versucht Oma mir zu helfen.

„Aber das ist doch das Problem: Ich weiß doch nicht, wie ich es lösen soll, Oma!", fahre ich sie ein bisschen genervt an. Omas dunkle Augen gucken mich trotzdem liebevoll durch ihre Brille an und sie lächelt ihr breites Lächeln. „Du gehst mit deinen sogenannten Problemen einfach zu deinem Herzen. Es wird dir sagen, was du machen kannst. Das Herz weiß alles. Es ist sehr, sehr weise. Du musst es nur besuchen und dann fragen. Und das geht nicht mal eben schnell. Du musst schon zu ihm hin und mit ihm verhandeln." ‚Lustig', denke ich mir, ‚wie soll das denn gehen?' Aber wie ich Oma kenne, wird sie es mir gleich erklären. Und tatsächlich fährt sie schon fort:

„Ich schließe dann meine Augen und nehme meine ‚Probleme' – du also deinen Sven – unter meinen Arm und stelle mir vor, wie ich die Leiter aus der Geschichte mit Herrn Sabbelmann herunter klettere. Ich steige oben über die Schwelle der kleinen Tür im Kopf und klettere direkt runter zu meinem Herzen. Wenn ich die ersten Stufen geschafft habe, fange ich an, mich zu entspannen. Denn ich weiß ja: Ich gehe zu meinem Herzen und dort ist es immer schön. In meiner Vorstellungskraft sehe ich schon helles Licht, höre schöne Musik und spüre wohlige Wärme. Das fühlt sich wunderschön an und ich beginne, mich glücklich zu fühlen. Mein Mund lächelt wie von ganz allein und das ‚Problem' unter meinem Arm wird immer leichter und leichter. Es scheint zu schmelzen und kleiner zu werden.

Und während du dir das dann auch alles vorstellst, fallen sie dir plötzlich von selbst ein: die netten Worte, die du brauchst, um Sven zu sagen, dass dich sein Schmatzen stört."

Was soll ich euch sagen: Meine „Probleme" gibt es wirklich nicht mehr. Ihr könnt euch gar nicht vorstellen, wie erleichtert ich jetzt bin. Sven hat meine Bitte, das Schmatzen zu lassen, ganz gelassen aufgenommen und war auch gar nicht böse. Er schmatzt wirklich gar nicht mehr und grinst mich jetzt hin und wieder an, wenn er Kaugummi kaut. Was ich ihm gesagt habe bleibt mein kleines Geheimnis, aber ich kann euch nur raten, eure „Probleme" auch so zu lösen.

Hinweise für die Vorleser*innen: Das Herzensdenken meint einen Gleichklang zwischen dem Herzen und dem Verstand. Im Verstand herrscht das Ego, während die Liebe im Herzen zu finden ist. Wenn man in das Gefühl der Liebe kommt, kann man anders denken und handeln und das Ego besänftigen.

Edda und die Wahrheit

Ich möchte euch heute erzählen, was mir neulich passiert ist. Ich habe mit meiner Freundin Emilia Kosmetikstudio gespielt. Ich darf Mamas Lippenstifte, ihre Wimperntusche und ihren Lidschatten benutzen, denn ich spiele öfter mal Modelagentur oder so etwas. Gemeinsam mit einer Freundin habe ich die Sachen aber noch nie benutzt. Es war so lustig und hat super viel Spaß gemacht, bis mir ein Lippenstift abgebrochen ist. Oh Schiete, da waren wir beide ordentlich erschrocken. „Mist, da wird sich Mama aber sehr doll ärgern", waren meine ersten Gedanken, bis mir eine Idee kam, wie ich vielleicht aus der Nummer rauskommen könnte…

Also haben wir den Teil der Hülle, in der der abgebrochene Lippenstift steckte, vorsichtig ausgekratzt und das weiche, rote, abgebrochene Lippenstift-Teil ganz vorsichtig hineingeschoben. So sah der Lippenstift wieder wie vorher aus, hat allerdings etwas gewackelt und war natürlich kürzer. Dann haben wir den Deckel darübergestülpt und der Lippenstift sah von außen aus wie zuvor. Anschließend haben wir alles fein aufgeräumt und uns leise davongeschlichen.

Nachts ging es mir dann gar nicht gut. Ich konnte nicht schlafen. Ich fand es doof von mir, dass ich Mama nichts von dem kaputten Lippenstift gesagt hatte. Aber jetzt war es eh zu spät. Der abgebrochene Lippenstift ging mir die nächsten Tage nicht mehr aus dem Kopf. Also machte ich einen Besuch bei Oma Kühnchen. Als ich klingelte, war Lauser gleich an der Tür, wedelte aufgeregt mit dem Schwanz und wollte ausgiebig gestreichelt und gekrault werden. Oma nahm mich zur Begrüßung in ihre Arme. Das fühlte sich so schön und wohlig an, dass sie gleich losbrachen, meine Tränen. Ich konnte sie nicht mehr halten, sie mussten alle raus. Danach ging es mir ein bisschen besser und ich konnte Oma alles erzählen: „Oma, ich habe Mama nicht die Wahrheit gesagt. Ich habe ihr was verschwiegen und das tut mir jetzt so leid!" Ich bin auf Omas Schoß gekrabbelt und habe ihr die ganze Geschichte vom Kosmetikstudio und dem kaputten Lippenstift erzählt. Oma hat den Kopf schiefgehalten und die Augenbrauen hochgezogen. Das sah schon mal so aus, als wäre sie nicht sonderlich böse und hätte eine Idee.

„Also erstens: Das macht man eigentlich nicht mit seiner Mama. Und zweitens…" Oma schaute mich dann doch gespielt tadelnd an, musste den Mund aber schließlich zu einem Lachen verziehen. „ … So schlimm ist das nun auch wieder nicht", meinte sie milde und wir haben beide über das ganze Gesicht gegrinst. „Ich denke, es ist dir eigentlich klar, dass man immer die Wahrheit sagen muss. Man kann alles erzählen, ganz besonders seinen Eltern. Sie haben es verdient, dass du ihnen gegenüber ehrlich bist. Dass du dich die ganze Zeit so schlecht gefühlt hast, zeigt dir, dass es stimmt, was ich sage. Es könnte vielleicht sein, dass die Verbindung zwischen der Mama und dir irgendwie blockiert war. Das passiert schon mal, wenn zwischen euch der berüchtigte Herr Flunkerheini stand. Er hält seine Arme immer weit zur Seite weggespreizt, damit du nicht an ihm vorbeikommst. Und wenn du dir dann ein Herz fasst und einen Arm herunterdrückst, um an ihm vorbeizukommen, beugt er sich nach vorne und legt den Zeigefinger auf deine Lippen, damit du dich nicht traust, die Wahrheit zu sagen. Oh, das ist ein ziemlich mieser Typ. Es gibt nur eine Möglichkeit, ihn kleinzukriegen…",

Oma machte jetzt eine ihrer berühmten Spannungspausen mit weit geöffneten Augen und breitem Grinsen. „Du musst ihm tief in die Augen sehen, als wolltest du ihn mit deinen Augen verschlingen. Dann haut er plötzlich ab. Er ist nämlich feige und kann keine Wahrheiten ertragen."

Diese Geschichte habe ich Oma nicht ganz abgenommen, aber mit Mama gesprochen habe ich natürlich trotzdem. Sie war sehr glücklich, dass ich alles gebeichtet habe – und ich war es noch viel mehr. Wir haben miteinander vereinbart, den Flunkerheini nicht wieder zwischen uns zu lassen. Und wenn er doch mal kommt, soll ich Mama anschließend sagen, dass er da war und dann trotzdem die Wahrheit sagen. Jetzt kann ich wieder gut schlafen und fast immer durch den alten Flunkerheini hindurchsehen.

Hinweise für Vorleser*innen: Der Wahrheit ins Auge zu sehen, erfordert immer etwas Mut. Wenn die Kinder wissen, dass dies mit Verzeihen belohnt wird, fällt es ihnen leichter, sich darin zu üben.

Was macht denn Fräulein Seelchen so?

Heute hatten Oma und ich mal so richtig viel Zeit zum Quatschen. Wir saßen draußen in Omas Laube im Garten. Oma hatte sich ein Glas Sekt mit rausgenommen und ich durfte ausnahmsweise eine Cola trinken. Lauser hatte sich mit seinem Kopf auf meinen Fuß gelegt und war eingeschlafen.

„Na Edda, was macht denn dein Fräulein Seelchen so?", hat Oma plötzlich gefragt. „Woher soll ich das denn wissen? Ich weiß ja gar nicht, welche Sprache sie spricht und wie sie sich mit mir unterhalten kann", antwortete ich verdattert. Oma erzählt mir öfter mal etwas über die Seele, aber ich wusste bisher nicht, dass sie auch mit mir sprechen kann. „Das kann und will sie ganz bestimmt, schließlich ist sie deine eigene kleine Seele. Sie ist du. Oder du bist sie, ganz wie du willst. Sie ist zwar nicht aus Fleisch und Blut wie dein Körper, sondern man sagt, sie sei ein Lichtwesen. Deshalb kann sie auch in dir und um dich herum wohnen. Und sprechen kannst du auch mit ihr, und hören, was sie dir sagt. Ihre Sprache sind deine Gefühle, darüber drückt sie sich aus. Zum Beispiel durchs Glücklichsein, durch dein Traurigsein, das Zweifeln, das Empfinden von Liebe oder Angst – all das ist ihre Sprache."

Dann habe ich Oma erst mal gefragt, ob sie auch ein Fräulein Seelchen hat. „Na klar, Mausie", war Omas Antwort. „Sie ist genauso in mir und um mich herum, wie deine Seele in dir und um dich herum ist. Man sieht sie nicht, aber sie ist immer da, immer bei mir. Aber wenn ich irgendwann sterbe, geht sie in den Himmel zurück, wo sie herkommt, doch mein Körper bleibt hier, so wie es bei der Omi von deiner Freundin war. Deshalb gibt es mich, beziehungsweise meine Seele, auch weiterhin. Selbst dann, wenn mein Körper irgendwann nicht mehr da ist. Alle Seelen wandern zwischen Himmel und Erde hin und her. Sie verweilen in einem Menschen und wenn dieser Mensch dann irgendwann stirbt, wandern sie wieder in den Himmel zurück. Und wenn sie wieder zur Erde wollen, werden sie mit einem anderen Menschen neu geboren. Und das Allertollste daran ist, dass sie alles, was sie jemals gelernt haben, mitnehmen. Daher werden die Seelen immer weiser. Dann fährt Oma begeistert fort: „Auch deine kleine Seele ist dadurch sehr weise geworden. Du kannst ruhig immer mal versuchen, auf sie zu hören."

Ich seufze. Ich muss doch schon auf Mama hören. Und auf Oma. Und die Lehrerinnen und Lehrer in der Schule. Das ist schon anstrengend genug. Jetzt soll ich auch noch auf meine Seele hören? Das klingt auch ziemlich anstrengend, wenn ihr mich fragt. „Also Oma, wie soll das denn nun schon wieder gehen, mal ganz praktisch gesehen?", rutscht es mir auch direkt raus. „Ganz einfach: Wenn sie dir etwas zu sagen hat, dann zeigt sie dir meist ein kurzes Gefühl. Zum Beispiel als ein Lächeln, das dir beim Nachdenken über eine Sache plötzlich über die Lippen gleitet. Oder durch diesen Druck in deiner Herzgegend, der sich so anfühlt, als wäre das, worüber du gerade nachdenkst, gerade genau das Falsche. Oder du bist plötzlich glücklich und weißt: ‚Ja das ist es, so kann ich diese Sache lösen!' Du merkst dann, deine Seele spricht durch deine eigenen Gefühle zu dir. Du musst ihr nur aufmerksam zuhören." Oma zwinkert mir lustig zu. So aufgedreht, wie sie gerade ist, muss das wohl eins ihrer Lieblingsthemen sein.

Ich muss sagen, ich finde das auch ganz schön spannend. Ich beobachte jetzt immer öfter die Gefühle, die ich habe, wenn ich nicht so recht weiterweiß. Oder wie es sich anfühlt, wenn ich gar nicht weiß, was ich machen soll. Neulich ging es darum, ob ich im Kinderchor mitsingen möchte. Eigentlich möchte ich nicht. Aber plötzlich hatte ich eine Melodie im Kopf, die ich mitsummen musste und war dabei so happy und fröhlich, dass ich dachte, das könnte ein Zeichen von Fräulein Seelchen sein. Also habe ich mich dann doch angemeldet und das Singen macht mir einen riesigen Spaß. Es wäre doch schade gewesen, wenn ich mich nicht angemeldet hätte. Danke Fräulein Seelchen.

Hinweise für die Vorleser*innen: Die eigenen Gefühle zu erkennen und auf sie zu hören ist elementar für unser Wohlbefinden. Es funktioniert nur, wenn wir uns selbst im Blick haben, uns beobachten. Dann nehmen wir uns und unsere Wünsche wahr.

Ich bin aber ganz anderer Meinung

Kennt ihr das? Wenn man ganz fest von etwas überzeugt ist, oder genau zu wissen glaubt, das etwas nur genau so gemeint sein kann? Dann erzählt ihr es euren Freunden, weil ihr wirklich ganz genau fühlt, dass es stimmt. Und ihr redet immer wieder darüber, aber eure Freunde wollen es einfach nicht glauben, halten es nicht für wahr, sind ganz anderer Meinung und nicht zu überzeugen? In dieser Situation denke ich manchmal, dass ich vor Wut platzen muss. Und ich will es unbedingt irgendwie schaffen, die anderen davon zu überzeugen, dass ich Recht habe. Zumindest sollen sie mir aufmerksam zuhören, wenn ich es ihnen erklären will.

Aber ich stelle immer wieder fest, dass das oft einfach nicht klappt. Das macht mich rasend und auch traurig. Oma Kühnchen sieht das mal wieder anders als ich und hat es mir neulich so erklärt: „Auf jeden Fall darf man allen Leuten alles sagen, auch seine eigene – vielleicht ganz gegensätzliche – Meinung. Genauso wie man jedem sagen kann, was einem an dem anderen nicht gefällt oder wenn man etwas nicht möchte. Entscheidend ist aber, wie man es sagt. Da gibt es sehr strenge Regeln, die man unbedingt einhalten sollte, um niemandem vor den Kopf zu stoßen. Man muss nämlich seine Worte freundlich verpacken und liebevoll auswählen. Auch dann, wenn es schwerfällt. Du kannst alles sagen, wenn du deine Worte in Frieden bettest." Oma liebt es, sich so komisch blumig auszudrücken. Aber ich weiß trotzdem, was sie meint. „Deine Worte dürfen niemanden verletzen, sollten von einem freundlichen Gesicht begleitet werden und auf keinen Fall rechthaberisch und überheblich sein", mahnt sie mit einem erhobenen Finger.

Danach erklärt sie mir, dass ich dabei auch nicht zu beharrlich bleiben soll: Wenn ich etwas einmal auf diese freundliche Weise gesagt habe, ist es genug. Das heißt auch nicht, dass meine Freunde mir jetzt auch glauben müssen und einsehen müssen, dass ich Recht habe. Ich muss stattdessen unbedingt akzeptieren, dass sie vielleicht immer noch anderer Meinung sind. „Das ist dann eben so und du musst es auch so stehen lassen. Jetzt darfst du nämlich nicht den Fehler machen, beleidigt oder gekränkt zu sein, wenn du deine Freunde nicht überzeugen konntest und sie stattdessen bei ihrer Meinung bleiben. Sie wollen dich nicht ärgern, sondern sie sind genauso wie du: Sie haben ihre eigene Meinung. Das hat nichts mit dir zu tun. Wir Menschen denken leider meist, wir könnten die anderen von allen möglichen Dingen überzeugen und glauben auch, das wäre total wichtig. Ich glaube, es ist viel wichtiger, auch die Meinung der anderen gelten zu lassen. Das nennt man gegenseitige Wertschätzung und ist sehr wichtig für unser Miteinander."

Mir wird das schwerfallen, das weiß ich jetzt schon. Aber wenn ich versuche, in die Haut meiner Freunde zu schlüpfen und die Sache mit ihren Augen zu sehen, hat Oma wahrscheinlich wirklich Recht. Ich hätte auch keine Lust, die Meinung eines anderen anzunehmen, bloß weil er alles so schön gesagt und begründet hat. Wahrscheinlich gibt es ja auch mehrere Meinungen nebeneinander und jeder hat ein bisschen Recht. Es wäre doch auch blöd und langweilig, wenn immer alle einer Meinung wären. Also sollten wir es vielleicht wirklich so machen, wie Oma es vorschlägt. Ich versuch's mal.

Hinweise für die Vorleser*innen: Wertschätzung kann ich dem Anderen zeigen, wenn ich seine Meinung auch dann akzeptiere, wenn sie nicht mit meiner übereinstimmt.

Edda und ihr Spiegelbild

Also heute hatte ich eine Laune, der hätte keiner begegnen wollen. Komisch war, dass mir ganz viele Leute begegnet sind, die auch alle so schlecht drauf waren wie ich. Das fand ich ziemlich merkwürdig und es hat mich noch weiter runtergezogen.

Jetzt war ich gerade bei Oma Kühnchen und die meinte, sie hätte eine Idee, weshalb das so war. Ihrer Meinung nach funktioniert das wie ein riesengroßer Spiegel. Der Spiegel schickt immer das Bild zurück, das vor ihm steht. Stelle ich mich vor Mamas Spiegel im Schlafzimmer, sehe ich mein Bild in voller Größe darin. Der Spiegel zeigt mir, ob ich lache, ihm die Zunge rausstrecke oder ihm Handküsschen zuwerfe.

Oma meint, im Leben sei das ganz genauso. Das Außen – also dort, wo mein Leben passiert – spiegelt das, was in meinem Inneren, in meinem Geist und meiner Seele, so vor sich geht. Wenn mein Fräulein Seelchen und Frau Kontrolletti gut drauf sind, habe ich gute Laune. Dann gucken die beiden durch meine Augen und alles erstrahlt fröhlich. Mein Mund grinst, ich hopse vielleicht oder drehe mich mit ausgestreckten Armen ganz schnell im Kreis. Und mir nichts dir nichts grinsen um mich herum auch alle anderen Leute und lachen mich an. Sie spiegeln mich und meine Superlaune wie ganz von selbst wider.

Das geschieht über meine so genannte Aura, sagt Oma Kühnchen. Die ist so etwas wie eine Riesenblase um mich herum. Sie schillert in bunten Farben, wenn alles gut ist. Man kann sie zwar nicht sehen, aber sie hat Zauberkräfte. Sie zieht nämlich Leute mit einer ähnlichen Aura an, also Menschen, die auch wunderschöne Farben um sich herum tragen.

Wenn ich jedoch schlechte Laune habe, sieht meine Aura ganz anders aus, und sie leuchtet auch nicht. Die Auren der anderen Leute bemerken das. Sind sie genauso übellaunig drauf wie ich gerade, werden sie jetzt von meiner düsteren Aura angezogen. Leute mit einer schönen und freundlichen Aura werden dagegen abgestoßen. Man zieht sie also an, oder stößt sie ab. Die Regel lautet hier: Gleiches zieht Gleiches an. Es war also kein Wunder, dass meine miesepeterige Aura andere Miesepeter angezogen hat. Und was macht man nun dagegen? Ganz einfach, man ändert seine schlechte Laune in gute Laune.

„Wenn du denkst, dass das schwer ist oder nicht geht, dann irrst du dich gewaltig. Man fühlt sich nämlich genau so, wie man es sich ausgesucht hat. Also sagst du dir einfach: ‚Weg mit der Depri-Laune, her mit der Super-Laune.‘ Dazu denkst du an etwas Schönes, zum Beispiel an den letzten Urlaub mit Mama und Papa, an ein leckeres Eis oder an ein neues Fahrrad. Jetzt bist du neu eingestimmt und das Leben schickt dir eine viel bessere Laune. Das klappt, ich sag es dir.

Abends kannst du vor dem Schlafen sogar noch mehr machen: Wenn du im Bett liegst, denkst und fühlst du den Tag einfach nochmal durch. So wie alles gelaufen wäre, wenn du bessere Laune gehabt hättest. Dann weiß Herr Unterbewusst: ‚Aha, so sollte ein Tag eigentlich ablaufen. Das merke ich mir. Da kann ich mich drauf einrichten.‘ Ich mache das abends immer vor dem Einschlafen. Ich denke daran, wie der Tag so gewesen ist. Hat er mir gefallen, dann ist alles gut. War er nicht so schön, dann denke ich ihn mir schön. Ich denke ihn einfach um, als wäre alles so passiert, wie ich es eigentlich gewollt habe. Herr Unterbewusst kann zwischen dem, was tatsächlich vorgefallen ist und dem, was meine Gedanken ihm vorschwindeln, nicht unterscheiden. Er speichert einfach abends das ab, was ich ihm zuletzt eingebe. Wenn hauptsächlich Schönes abgespeichert wird, dann geht es den Menschen auch weiterhin gut. Also gebe ich Herrn Unterbewusst und mir, was wir brauchen: einen wunderschönen Tag", endet Oma Kühnchen ihre Erzählung und klatscht gut gelaunt in ihre Hände.

Ich habe mir daraufhin ein tolles Bild gemalt und drauf geschrieben: „Das war ein wunderschöner Tag!" Dieses Bild hängt über meinem Bett, wo ich es nicht übersehen kann. So werde ich abends im Bett immer daran erinnert, darüber nachzudenken, ob der Tag schön war. Wenn nicht, dann denke ich ihn um, so wie Oma es macht, damit mein Herr Unterbewusst auch nur Schönes abspeichert. Ich glaube, das ist eine gute Idee. Du solltest dir das auch überlegen.

Hinweise für Vorleser*innen: Wer mit einem Lächeln durch die Welt geht, zieht auch gut gelaunte und liebevolle Leute an. Man kann es sich regelrecht angewöhnen, gute Laune zu haben, indem man die schlechte Laune einfach nicht hochkommen lässt.

Das Beobachterspiel

Neulich war mir langweilig. Keiner hatte Zeit, um mit mir zu spielen. Das Wetter war blöd, sodass ich keine Lust hatte, nach draußen zu gehen und etwas lesen oder malen wollte ich auch nicht. Da fiel mir das Gespräch mit Oma Kühnchen von vorgestern ein. Es ging mal wieder um das Beobachten meiner Gedanken. Aber diesmal sollte ich sie nicht beobachten, um sie anschließend zu vertreiben – stattdessen hat mir Oma verraten, was ich noch alles bewirken kann, wenn ich sie ganz genau im Blick habe. Ich erzähle es dir natürlich auch:

Oma hatte Kuchen gebacken und ich durfte mithelfen. Dabei kann man wunderbar Ratespiele spielen, wie zum Beispiel „Ich sehe was, was du nicht siehst, und das sieht …. aus!" Kennst du das? Mir macht es immer viel Spaß und Oma auch. Aber dann wollte Oma etwas anderes spielen. Sie nennt es das „Beobachterspiel". Man beobachtet dabei seine Gedanken. „Das kenne ich schon, es ist zum Vertreiben von blöden und schlechten Gedanken!", habe ich gleich abgewehrt, aber Oma hat gesagt, dies sei eine neue Variante des Spiels. Eigentlich macht man das für sich allein, morgens oder abends im Bett zum Beispiel. Aber wir wollten es jetzt mal zusammen machen. Laut Oma geht das Spiel so: „Du setzt dich irgendwo hin, oder liegst im Bett mit offenen Augen. Dann wirst du ganz leise und konzentrierst dich auf deinen Kopf und das, was er gerade denkt. Halte inne und überlege: An was habe ich gerade gedacht? Worüber habe ich nachgedacht, so ganz nebenbei, ohne es zu merken? Oder was träumt mein Kopf da gerade? Wenn du ein wenig Geduld hast und ganz ruhig und entspannt bleibst, wirst du immer mehr entdecken, was da in deinem Kopf so abläuft. Nachdem du das eine Zeit lang gemacht hast, legst du am besten erst einmal eine Pause ein. Wenn du später mal wieder Lust hast, beginne noch einmal aufs Neue und eine Weile danach vielleicht noch ein weiteres Mal. Du wirst sehen, dass du es immer besser kannst, nachdem du es ein paar Tage lang gemacht hast. Ruck, zuck klappt es mit dem Beobachten und es wird dir immer leichter fallen. Du denkst dir einfach: ‚Ich wollte doch meine Gedanken Beobachten', und schon bist du wieder im Beobachtungsmodus. Du wirst dich wundern, wo deine Gedanken überall sind. Das ist sehr komisch und vieles würdest du nicht erwarten," erklärt mir Oma dann.

„Aber, was soll das Ganze?", werdet ihr fragen und natürlich habe ich Oma genau dasselbe auch gefragt: „Na, du kannst jetzt endlich mal sehen, wo deine Gedanken eigentlich überhaupt sind. Es ist gut zu wissen, womit sich dein Kopf immer beschäftigt. Vielleicht denkt er Sachen, die du gar nicht willst. Dann kannst du ihn ab jetzt davon abhalten. Wie das geht, wissen wir beide ja schon. Du beobachtest diese unerwünschten Gedanken ganz intensiv, guckst ihnen quasi tief in die Augen. Und weil sie das überhaupt nicht mögen und stattdessen lieber unerkannt bleiben wollen, verschwinden sie dann ganz schnell. Oder du stellst fest, dass deine Gedanken völligen Blödsinn denken. Dann kannst du sie ordnen, dich tiefer in sie reindenken und das Gedachte richtigstellen.

Bei dem Spiel merkst du auch, dass Herr Sabbelmann in deinem Kopf mit deinen Gedanken richtige Gespräche führt. Er sabbelt wie in einer Endlosschleife." Oma erklärt mir, dass das Ablaufen der Gedankenschleifen und das ständige Gerede im Kopf auf Dauer anstrengend und gar nicht nötig oder sinnvoll ist. Also sollte man es einfach beenden: „Schluss, aus, Ruhe, Herr Sabbelmann!"

„Es gibt noch viele andere lästige, unwichtige und wenig sinnvolle Gedanken, die du so erkennen und bearbeiten kannst," ergänzte Oma Kühnchen noch. Sie findet, man müsse einfach mal damit anfangen und dann dranbleiben. Je öfter man es macht, umso besser würde man sich fühlen. Wenn man es regelmäßig macht, dann „erwacht" man irgendwann und beginnt, mit dem Herzen zu denken.

Ich habe das natürlich schon geübt. Herr Sabbelmann quatscht wirklich ununterbrochen in meinem Kopf. Er führt zum Beispiel endlose Diskussionen mit meinen Freundinnen, mit denen ich mich am Tage gekabbelt habe. Das versuche ich dann immer abzustellen, weil es ja gar nichts bringt. Außerdem kann man sich wirklich viel besser erholen, wenn der Sabbelmann endlich schweigt.

Was soll ich euch sagen, es klappt jeden Tag ein bisschen besser!

Hinweise für die Vorleser*innen: Wir tun gut daran, unsere Gedanken möglichst oft zum Schweigen zu bringen, um uns zum Beispiel besser zu entspannen und zu erholen. Das gelingt durch das Beobachten und Bewusstmachen der Gedanken und inneren Gespräche. Dies ist auch der erste Schritt in eine Meditation.

Ich bin

Heute haben Oma Kühnchen und ich eine Radtour entlang der Ilmenau gemacht. Es war richtig toll. Der Fluss hat geglitzert und die Sonne schien ganz warm. Oma war völlig happy. Sie hat ein E-Bike, aber ich fahre genau so schnell wie sie – auch ohne Motor. Wir konnten wunderbar nebeneinander radeln und haben währenddessen wieder ganz viel über alles Mögliche geredet. Bei dieser Gelegenheit kam mein momentaner Kummer zum Vorschein. Ich bin nämlich nicht so richtig froh und glücklich, wie sonst meistens. Immer wieder denke ich: ,Ich bin nicht richtig, so wie ich bin. Ich bin nicht schlau genug. Ich bin nicht hübsch genug. Ich bin unsportlich.' Und ich bin leider auch oft schlecht gelaunt.

Oh, mit dieser Beichte hatte ich aber was losgetreten. Oma hat gleich an der nächsten Bank angehalten und sich mit mir dort hingesetzt. Sie hat ihren Arm um mich gelegt und dann ganz ernst mit mir geredet. „Ich bin sind mitunter die wichtigsten Worte, die man sagen kann. Denn wenn du behauptest, dass du etwas bist, dann bist du das auch. Es hat magische Kräfte.", redet Oma ganz eindringlich und zugleich ziemlich rätselhaft auf mich ein. Das muss man sich erst mal auf der Zunge zergehen lassen: Weil ich es sage, bin ich es – nicht etwa umgekehrt. Natürlich hat Oma Kühnchen versucht, es mir zu erklären: „Ich bin ist eine gewichtige Aussage! Wenn du es sagst, sollst du deshalb achtsam damit umgehen. Du sollst es nur in Verbindung mit etwas Positivem, etwas Schönem sagen. In Verbindung mit etwas, das du auch wirklich sein willst. Denn dein ich bin zieht das an, von dem du sagst, dass du es bist.

Wenn du zum Beispiel sagst: ‚Ich bin traurig', dann denkt dein Herr Unterbewusst, dass du auch wirklich traurig sein willst und sorgt dafür, dass du tatsächlich traurig wirst. Sage stattdessen: ‚Ich bin froh. Ich bin glücklich. Ich bin gut, so wie ich bin!' Am besten ein paar Mal hintereinander und alles wird immer besser werden. Das ‚Ich-bin-froh-sagen' zieht das ‚So-froh-sein' förmlich an und dann wirst du auch wirklich froh."

Abends habe ich versucht, Mama zu erzählen, dass ich nur ich bin zu dem sagen darf, was ich auch sein möchte, auch wenn ich das in dem Moment gar nicht bin oder war. Sie hat gelacht, weil ich mir dabei fast die Zunge gebrochen habe, aber sie kannte die Wirkung von "ich bin", die mir Oma erklärt hat. Schließlich ist sie Omas Tochter und Oma hat ihr genauso viel erzählt, wie mir. Jetzt sagen wir beide manchmal gleichzeitig „Ich bin so froh", gucken uns dabei an und lachen.

Hinweise für die Vorleser*innen: Wenn man „ich bin" vor eine Aussage oder ein Gefühl setzt und es immer wieder denkt oder ausspricht, hat es nach Meinung der meisten spirituellen Lehrer Auswirkungen auf unser Bewusstsein und unser Dasein, so wie jede Affirmation, nur stärker. Daher sollte man es nur mit positiven Aussagen und Gefühlen verbinden.

Ich habe niemals Glück

Aktuell wache ich morgens schon mit schlechter Laune auf. Ich könnte jeden anrempeln, ihm die Zunge rausstrecken oder mal so richtig laut das Sch***-Wort schreien. Die blöde Laune geht auch einfach nicht weg. Sie ist da und bleibt. Es ist zum Verrücktwerden, denn eigentlich will ich sie gar nicht. Ich fühle mich unwohl mit ihr. Ich mag mich dann selbst nicht leiden. Was soll ich nur machen?

Als ich mit Oma Kühnchen darüber gesprochen habe, hat sie mich gefragt, ob ich das Märchen vom Rumpelstilzchen kenne. Rumpelstilzchen war auch immer sauer und schlecht drauf und zudem noch richtig böse. Das bin ich natürlich nicht, aber meine Miesepetrigkeit stört mich schon sehr. Oma und ich sind dann eine ganze Weile still geworden und haben so vor uns hin gedacht. Das war eigentlich ganz angenehm. Oma hat mir die 3/6-Atmung gezeigt. Erst muss man tief einatmen und bis drei zählen. Dann ausatmen und bis sechs zählen. Das beruhigt die Gedanken, denn während man zählt, kann man nicht auch noch an 100 andere Dinge denken – eigentlich logisch. Das tat schon mal gut.

Dann kam Omas nächster Rat: „Ich würde dir vorschlagen, dass du morgens nach dem Aufwachen die Augen kurz noch einmal schließt und dir sagst: ‚Ich weiß, dass heute ein toller Tag wird und ich etwas Wunderbares erleben werde.‘ Das sagst du dir mindestens zehnmal vor und versuchst, gleichzeitig zu lächeln. Mach daraus einen kleinen Gesang in deinem Kopf oder mach dabei zehn Kniebeugen. Mach, was du willst. Es wird dir helfen. Herr Unterbewusst weiß dann, für was er den Tag über zu sorgen hat und wird sich sehr anstrengen, deine Wünsche zu erfüllen. Du kannst es aber auch noch raffinierter machen und so tun, als hättest du bereits die beste Laune der Welt. Du fragst dich dafür einfach: Wieso habe ich eigentlich morgens jetzt immer so gute Laune? Wieso bin ich jetzt immer so gut drauf? Dann strengt Herr Unterbewusst sich an, damit deine Laune auch so gut wird und bleibt."

Ich habe Oma versprochen, das zu versuchen. Sie hat mir noch einmal erklärt, dass man sich seine Gefühle (wie etwa gute Laune oder schlechte Laune) aussuchen kann. Ich kann mir selbst schließlich jederzeit sagen: „So, Schluss jetzt mit dem Gemaule!", den Kopf einschalten, an etwas Schönes denken und schon verschwindet die miese Laune. Ich bin die Bestimmerin über meine Gefühle. Ich kann sie lenken, wohin ich will. Das habe ich schon gelernt.

Dann hat Oma noch gesagt, dass ich abends im Bett über den Tag nachdenken soll. Ich soll immer so lange überlegen, bis ich die schönen Dinge gefunden habe, die mir passiert sind. Wenn ich ehrlich bin, ist immer etwas dabei, an das ich gerne denke und über das ich mich abends noch einmal freue. Meist schlafe ich dabei ein und träume die wunderbarsten Geschichten.

Hinweise für die Vorleser*innen: Positive Aussagen, sogenannte Affirmationen, kurz und prägnant gesprochen oder gedacht, sind ein einfaches und wunderbares Mittel, sich selbst so etwas wie Mut oder gute Laune zuzusprechen.